商城故事

——

銅鑼灣

百年變遷

鍾寶賢 著

中華書局

□ 責任編輯：黎耀強

□ 內文設計：甄玉瓊　賴菊英

□ 封面設計：洪清淇

商城故事
——銅鑼灣百年變遷

□
著者
鍾寶賢

□
出版
中華書局（香港）有限公司
香港鰂魚涌英皇道1065號東達中心1306室
電話：(852)25250102　傳真：(852)27138202
電子郵件：info@chunghwabook.com.hk
網址：http://www.chunghwabook.com.hk

□
發行
香港聯合書刊物流有限公司
香港新界大埔汀麗路36號
中華商務印刷大廈3字樓
電話：(852)21502100　傳真：(852)24073062
電子郵件：info@suplogistics.com.hk

□
印刷
美雅印刷製本有限公司
香港觀塘榮業街 6 號 海濱工業大廈 4 樓A室

□
版次
2009 年 1 月初版
2011 年 1 月再版
© 2009 2011 中華書局（香港）有限公司

□
規格
特16開(230 mm×170 mm)

□
ISBN：978-962-8930-80-7

自序

悠悠百載，香江不少「社區」已逐漸摸索出自己的獨特個性，演活了較鮮明易辨的歷史容貌。芸芸例子中，我總幻想九龍城和銅鑼灣可被配成一對，放在有趣的對角線上：假若九龍城喜歡追尋自己的湮遠野史，選擇以老長輩面貌示人，銅鑼灣便可說是一處不斷炫耀自己年青時尚、刻意摩登的老地區，若要在現實中找個合適的人物比擬，那麼銅鑼灣大概會有點像天天換新裝、穿戴得花枝招展的資深藝人謝賢吧！

我出生在九龍城，少年時代的啟蒙則來自銅鑼灣。兩歲前，爸爸在九龍城平安酒樓工作（酒樓外貌見拙作《九龍城》封面）。有一天，酒樓經理替爸爸填寫了一份政府的申請表格，數月後，我們便舉家從九龍城搬到（當時算是偏遠的）華富邨。甫搬進去，鄰居住了一夜便驚恐地搬走了（這處一直被誤傳為「亂葬崗」，傳出不少鬼話）。當時只有幾輛4號巴士，途經林木蔥鬱的薄扶林，通向中環，巴士司機總有很多嚇人鬼故事。我們還是留了下來。由於深居簡出，直至唸小學三、四年級，坐巴士時我仍會感到「暈車浪」。

我住在華富邨山崗地段，從山崗向低窪處走約十分鐘，便來到全邨的最低點——瀑布灣（這就是香港開埠前，英人船艦取食水之處，英畫家曾把這瀑布的美麗形貌繪畫下來，流傳至今，成了香港歷史印記，見圖），我入讀的華康幼稚園，位置便在這瀑布旁的華康樓底層，但所謂幼稚園，也只是一處用紅磚和木板密封了的電梯走廊。甫入讀，我便成了天天要留堂的學生，因為媽媽要工作，我得留校等她來接我。大多時候，我都會獨個兒坐在幼稚園門口的木凳上等候。在那時代，電視機尚未普及，而我識的字也太少，未能以書本作窗戶，遊歷世界，我生活的圈子很小。

有一天，我又坐在幼稚園門邊的木凳上等候，幾位老師走近，蹲下

瀑布灣

來要看我的手掌。比劃比劃掌紋後，班主任伍老師握着我的手說：「你要記着，你手上有一面『領袖旗』，你要去的地方都會去到的。」離開華康幼稚園，我只是去了隔鄰的寶血小學。第四次考到第一名後，媽媽說要給我添新書包。那時候透過家中新置的「日立牌」黑白電視機，我認識了《小露寶》（日本兒童劇集），又知道世上有日本背囊書包，於是跟媽媽長途「暈車浪」，坐4號巴士去中環購買。在永安、先施、大華、天祥等百貨公司都找不到，好心的店員提議我們坐電車到「大丸」去找找。對，這是我首次到銅鑼灣！在「大丸」真的找到了一個日本背囊書包，媽媽看來看去，說書包很重，我也把它翻來覆去地看，見到價錢牌（很貴呀！），我也說：「太重了，不用買。」這次銅鑼灣之行，我沒留下甚麼印象。後來，「紅A公司」大量製造仿日式的廉價背囊書包（還有神奇堅硬的「紅A太空唥」），我們在華富邨的惠康超市買到了背囊，圓了這個心願。

我再次流連銅鑼灣，已經是讀中三的時候，香港仔隧道已經開通，有小巴直通往「大丸」。那時候，怡東酒店旁有一處名為「怡東村」的商場，內有各式奇怪店舖，有現場表演「朱氏魔術」（賣魔術玩具），也有廉價畫廊，我常常站在玻璃窗外看別人作畫。不久後，我知道隔鄰有一家「碧麗宮」電影院，再走遠一點，有一家「利舞臺」，是我常常

流連看電影廣告畫的地方。其後，又有一家「三越」，地庫裏的書店有很多日文書籍，當中，我也看了很多瑰麗迷人的美術書籍。這段日子，我開始想：「外面的世界很精彩啊！」會考過後，全級同學在怡東酒店一家餐廳設謝師宴，宴罷，班主任和一位陳老師叫我去另一處地方攀談，去的地方是酒店內的「Noon Gun Bar」（「午炮酒吧」，其名字源自怡和燒午炮的傳統）。老師問我畢業後的去向，可有甚麼理想。我一度想當插畫家，但當時媽媽漸已年邁，外出工作已力有未逮，我也對人生發展出較實在一點的看法，便答老師：「我希望找到工作養我媽媽。」陳老師説：「你要考大學！你看看自己的手掌，有這類手型的人，是會做藝術創作的。」這次我學懂了飲酒，自此，在我有關銅鑼灣的視覺和聽覺回憶裏，也添了一層味覺回憶：這味道是 Gin 酒加「七喜」的酒香，和入夜後漂浮在銅鑼灣海旁夜空的海水味道。那夜我坐小巴回家，在車上也有攤開手掌看看，但甚麼也看不透。

我不相信命理，這些瑣碎回憶一直沒細加整理，也未有告訴別人。數十年過去，直至去年夏天，我十二歲的小姪女要學習面對人生的困阻（我得説，她要處理的困阻十分確鑿，連我們成人也不易跨過）。我到新加坡探望她，深夜裏和她共處，她隨手把作文課的考試卷給我看，説老師收卷以後把她的文章公開讀出來，説寫得很好，然後她又默然不語。我有點驚訝：我十二歲在寶血小學作文考試那天，監考的新老師也在我桌旁站了很久，收卷後把我的試卷抽了出來公開讀出，也是説「文章寫得很好」。這點巧合令我憂心，如果我們兩代人基因相近，她要走的路便不會輕鬆，心細如髮就會心事重重，感覺前路茫茫。姪女又問我兩年後應選「文科」還是「理科」，我叫她「follow your heart」，她説「別人説只有讀不起理科的孩子，才選文科」，然後沉默。我很難過，人生走到這一站，想起在瀑布灣旁那下午、在銅鑼灣海旁那夜晚，老師要我牢記的話。她們要説的，或許不是命理，而是屬於人間的。她們想説的是：「細路，你要勇敢向前行！」我想，這也就是這本書的淵源和起步點。

目錄

楔 子

香港這個商國舞台

今日所見，銅鑼灣到處是色彩繽紛、節奏明快的城市景觀。

銅鑼灣 —— 全球的消費熱點

　　今日的銅鑼灣，色彩繽紛，節奏明快，是香港著名消費熱點，與雍容的中區金融中心並為香港的商業樞紐。[1]燦爛的霓虹燈，加上商場外的電子大屏幕，令遊人目眩神迷之餘，也把銅鑼灣照成了一片不夜天。這些如夢似幻的城市影像，成為旅遊明信片的熱門取景點之餘，也是遠近聞名的覽勝之地。反映在金錢的光譜上，自 1990 年代中，銅鑼灣多次壓倒了名店雲集的紐約第五街、倫敦牛津街、巴黎香榭麗舍大道和東京的銀座，高踞全球十大店舖呎租最昂貴之首，成為世界各大名店和時尚品牌落戶亞洲的必爭之地（參考表 1 及表 2）。在不少商賈眼中，絢

爛的銅鑼灣仿若以金錢堆砌出來，而在銅鑼灣活動的市民，其名字或許就是叫做消費者。

表 1　1996 年全球十大昂貴商舖排名*

排名	國家/地區	城市/街道
1	香港	銅鑼灣
2	美國	紐約第五街
3	俄羅斯	莫斯科（Trade House Gum）
4	法國	巴黎香榭麗舍大道
5	新加坡	烏節路（Orchard Road）
6	奧地利	維也納（Kamtnerstrasse）
7	德國	慕尼黑（Kaufingerstrasse）
8	瑞士	蘇黎世（Bahnhofstrasse）
9	希臘	雅典（Ermou）
10	日本	東京銀座

資料來源：Cushman & Wakefield, Inc.(U.S.A.)

表 2　2006 年全球十大昂貴商舖排名*

排名	國家/地區	城市/街道
1	美國	紐約第五街
2	中國	香港銅鑼灣
3	法國	巴黎香榭麗舍大道
4	英國	倫敦（New Bond Street）
5	日本	東京銀座
6	愛爾蘭	都柏林（Grafton Street）
7	瑞士	蘇黎世（Bahnhofstrasse）
8	澳洲	悉尼（Pitt Street Mall）
9	韓國	首爾（Myeongdong）
10	德國	慕尼黑（Kaufingerstrasse）

資料來源：Cushman & Wakefield, Inc.(U.S.A.)
*以平均呎租計算（美元）

「紐倫港」（Ny‧lon‧kong）

在香港這個蕞爾小島上，各路商販先後締造了不少傳奇。在商貿發展方面，香港島北岸便一直受人關注，吸引不少國際投資者的目光。除了銅鑼灣躋身全球租金昂貴地段前列外，其毗鄰的金融中心中環也不遑多讓，自1970年代起漸漸與紐約、倫敦、東京連線，成為全球最繁盛的金融中心之一，讓全球資金得以川流不息地流轉，為商國歷史創造了驕人紀錄。步進2008年1月，《時代周刊》更直接以「三城記」（A Tale of Three Cities）為題，述說紐約、倫敦和香港這全球三大金融中心的興衰變幻，並把這三大商都合稱為「紐倫港」（Ny‧lon‧kong：Ny指紐約，lon指倫敦，kong指香港），凸顯出三地一脈相連的金融脈絡。

2008年的《時代周刊》以「紐倫港」（Ny‧lon‧kong）這新名詞來形容紐約、倫敦，香港這三處一脈相連的金融城市。

這些商國紀錄，默默標示着過去數百年來席捲全球的商業巨變，也側寫了東西方接軌後掀動起的市場革命。銅鑼灣的變臉故事，除豐富了香港這顆東方明珠的故事內容外，也成為全球消費文化落戶亞洲的縮影。以微見著，或許，在重訪銅鑼灣所走過的悠長旅程的同時，我們也在追尋過去數百年來，令東西方商業文化接軌的一股巨大力量。[2]

啟動變遷的力量——東西接軌

　　1841年前，在今日被視為「香港」地域的版圖裏，根本未有香港、九龍和新界這三個地區的劃分，自1841年，三地先後被割讓或租借給英國後，才形成今天的區域界線。「香港」這地域的商業角色，似要待中西方接軌後，才漸漸顯明。[3]

　　上溯至十五世紀，隨歐洲的商業和殖民勢力漸趨活躍，全球各大洲的經貿脈絡也慢慢接軌，不同經濟體系的交匯區不斷誕生，產生的「經濟邊塞」(economic frontier) 也日漸增多。1841年後，中國南端的一個名不見經傳的小島，正好成為這類文化和經濟體系的接壤點，這個擔當起東西方「中間人」角色的蕞爾小島，名字便是香港。[4]自英國人落戶香江後，在政治、文化、法律和貨幣各方面，香港便成為中英兩大經濟體系的接壤處，是亞州區內第一批引入西方公司法、破產法、股票交易所的試驗區。香港故事正是東西方商脈接軌後，全球歷史變遷的興衰寫照，充滿深刻的時代意義。

　　與香港際遇相似的，其實還有上海、新加坡這兩個濱海城市。步進十九世紀，隨着西力東漸，上海、香港、新加坡這三大濱海城市先後興起，吸引其周邊鄉鎮人口不斷遷入，尋求發展機會。在這羣新移民中，不乏機巧睿智、精打細算的商家，他們在滬、港、新的發展，不單令三地成為十里洋場的移民社會、商人之都，也帶動起東南亞的經濟發展，並在中國沿海地區發揮着巨大的政治和經濟影響力。這些商人的籍貫、冒起的時代各異，但卻具備一些共同特徵——亦中亦西，宜政宜商，廣泛的人脈網絡，打通政商渠道，擔當起典型的經濟和文化「中間人」(intermediaries)的角色。而在東西方法律和金融等制度未能接軌的情況

琉球 Loochoo Island ｡魯粗埃倫時	檀香山 Honolulu 漢糯｡路路	希臘 Greece 忌｡哩時	渣華 Java 渣華
大英 England 英倫	意大利 Italy 衣啼利	土耳其 Turkey ｡唾奇	域多利金山 Victoria 域拖利亞
荷蘭 Holland 苛倫	西洋 Portugal 砵趨故胡	俄羅斯 Russia 胡喇時亞	蘇士 Suez canal 蕭而時 諫㒊勢
埃及 Egypt 衣接	舊金山 California 卡李風尼亞	法國 France 化嘲時	雪梨金山 Sydney ｡薛彌
印度 India 烟地亞	舊金山二埠 Sacramento 石架臘｡免途	德國 Germany 渣文彌	基隆 Keelung 崎｡籠 之個啇俗籠 籠爛衫話字 籠有如讀
高麗 Corea 可利亞	舊金山正埠 San Francisco 汕｡化嘲 思時告	巴拿馬 Panama 盼㒊｡廓	西藏 Tibet T必
		鳥思倫新 金山 New Zealand ｡尿思倫 讀聲大字｡尿	

二十世紀初英語速成教材內，呈現了當時廣東人的地理視野。

下，「中間人」所經營的人脈網絡，便成了填補制度空隙的替代品。[5]
隨着東西方商脈的打通，上海、香港、新加坡這三大亞洲濱海城市，也
順勢成為歐亞不同經濟體系的交匯之處。

從「墟市」到「城市」

自 1841 年香港成為英國殖民地後，廣州、廈門、上海、天津等城
市相繼成為通商口岸（treaty port），西方資金源源湧入，漸漸把這些
沿海港口聯繫成一個緊密的經濟體系，儼如中國沿海的一條經濟樞紐
帶。這些沿海城市漸漸蓋過了往昔運河交匯、文化薈萃的杭州、蘇州等

城市，成為近代中國的經濟和文化重心。香港正是這沿海經濟體系中的一員。

1841年前，即「香港」這個城市還未誕生前，環顧毗鄰地區的商貿秩序，深圳是其中一處經濟活動最繁盛的墟市，而今日新界地區的主要廟宇所在地，當時也往往發展出熱鬧的廟會，湧現出大小不同、恰似同氣連枝的姐妹墟市。正如不同廟宇各有會期，不同墟市也各有墟期。這些墟市星羅棋佈，構成區內跌宕有致的經濟秩序。興築廟宇在當時是族羣展現權力的主要途徑之一，在香港這「城市」未形成前，墟市是當日區內經濟活動的骨幹。

英國佔領香港島後，英方官員游目所見，到處是荒蕪一片。據1841年5月的調查，當時香港島的總人口約有7,450人，大多集中在十六個村落，當中以赤柱這個漁村規模最大，但也僅有二千人而已。開埠後，香港島被賦予一個簇新的歷史角色：英國駐華商務總監義律（Charles Elliot）在1841年6月宣佈香港為自由港，商人可「自由進入香港」、「進出口貨品均不必課稅」。由於香港擁有天然良港，又鄰近廣州，迅即躍升為區內重要的轉口港。同年，香港政府劃出港島北岸約五十幅地段公開拍賣，由二十多家英資洋行投得，其中，怡和洋行投得銅鑼灣東角多個地段，在這些地段上，建起香港第一代磚石結構的房屋、倉庫及商行。[6]

1841年末，香港政府正式把現今中環區內的雅賓利渠（Albany Nullah）和忌連拿利渠（Glenealy Nullah）之間的一帶山坡，劃為政府用地，先後興建輔政司署（The Secretary Office）、督憲府（Government House）、教堂（St. John's Cathedral）和多個兵營。自此，中環逐漸發

繁華的皇后大道人
流密集、招幌紛
陳。

文咸街曾是港島
北岸華人商販雲
集的繁榮地。圖
為二十世紀初的
文咸街。

展成香港的政治、經濟和宗教重地。至於海軍船塢、添馬艦等軍事用地，則興建在中環毗鄰的海旁，即今日金鐘、灣仔一帶，香港島北岸也漸漸發展起來。

營造「維多利亞城」

港府為了統籌市政，1843年將港島北岸規劃作「維多利亞城」（City of Victoria），城內興建起的磚石建築物迅速超逾百幢，大多為三層高的樓房（下層為辦公室，上層為住宅），而沿海地區則被闢為碼頭和倉棧。維多利亞城的範圍，最初約只包含今日中環一帶的繁盛街道和上環的部分，及後隨約定俗成，才徐徐擴展，涵蓋了今日的西環、灣仔、銅鑼灣和跑馬地一帶。港府在1903年正式於《憲報》內刊明了維多利亞城的範圍，並豎立起六塊刻有"CITY BOUNDARY 1903"字樣的界石，[7]居港華人習慣性地把這些地段通稱為「四環九約」。在開發交通網這個環節上，正可反映出港島北岸的重要性，例如港島首條街道——在1841年誕生的荷里活道，便接連起佔領角（Possession Point）、東面及西面各軍營（即後來的西營盤軍營、域多利軍營和威靈頓軍營）；隨後興建的雲咸街，則連接起荷里活道及中環沿岸，貫通了港島北岸多個要點。到1842年，還把沿海的小路拓寬，成為後來的皇后大道，貫穿起港島北岸的東西兩端。[8]這些市政工程開展的同時，香港人口不斷增加，到1855年，已超過七萬人，[9]單是維多利亞城的人口已佔逾半，其繁盛程度可想而知。港島北岸的中環、上環、東角（今銅鑼灣一帶）、春園（今灣仔一帶）、西營盤等地區的商貿活動也漸漸興盛起來。

隨着商業化的步伐加速，港島北岸出現了中環的洋商天下（所謂「小倫敦」）和上環的華商世界（所謂「小廣州」），仿若以港島北岸為舞台，上演了一幕雙城記，各自發展出不同的社區個性。中環成為洋人社

Chinese Temple, Hongkong.

開埠不久，港島北岸的中環發展成「小倫敦」，上環也仿佛成了「小廣州」，中西
商販雲集，繁盛非常。圖為上環荷李活道文武廟，它一度是華人社區的政治和宗教
重地。

區的政治、經濟、文化和宗教基地，也是香港的金融中心，洋商雲集，
中環的重要地標如聖約翰座堂、港督府、舊大會堂、香港會所、畢打街
舊鐘樓先後誕生；[10] 沿海地段也成了典型的商業中心，著名商廈林立，
渣打、匯豐等銀行都在中環設立總部。同時，上環則成了繁榮的華人商
住區域，英語世界的旅遊書更一度把上環稱為香港的「唐人街」(China
Town)。區內的永勝街（鴨蛋街）、永安街（花布街）、文咸東西街、
高陞街也各具特色，散發着濃郁的華南風味。而南北行公所、中華會
館、各式同鄉會和商會也相繼誕生。隨華人社區興起，[11] 上環亦出現了
不少佛堂、善堂和廟宇，1872 年成立的東華醫院，儼然成為華商顯示
社會地位的標誌。

上環成為華商聚腳處後，該區沿海地段倉棧林立，好不熱鬧。圖為 1910 年代的上環海旁。

香港這個商國舞台

從「巴剎」到「騎樓底」—— 新的營商空間

　　早在十九世紀前，在今日新界地域上，已出現了幾處熱鬧繁盛的墟市和市集，它們多由地方大姓族羣來經營，各有自己的營運規則、習俗或墟期。英人抵港後，歐洲、印度等地的商賈移民，如亞美尼亞裔的遮打（Catchick Paul Chater）、帕西裔的摩地（Hormusjee N. Mody）和來自巴格達的嘉道理（Lawrence Kadoorie）等外商都帶來不少異地的營商習俗。當中便包括「巴剎」（Bazaar）的概念。Bazaar 這名字來自英國殖民統治下的印度，意指市集或市場，而隨着英國殖民活動不斷擴張，這類詞彙紛紛被移植至東南亞。時至今日，在新馬地區，仍有不少華人把市場稱為「巴剎」。

　　英人東來後，把源自歐洲、印度、東南亞各地的文化特色糅合起來，並把這種混合文化帶來香港。隨香港人口急升，港島北岸出現了多個各路商販的聚集地，「巴剎」這名字便一度廣被應用，其中，在銅鑼灣渣甸山後更出現了一個商販聚集的「渣甸巴剎」（Jardine's Bazaar），買買賣賣，熱鬧非常（詳見本書第二章）。[12]

　　香江開埠不久，不少跟隨英軍來港的中國艇戶和商販，已在今蘇杭街一帶搭建起棚屋，經營買賣，這一區也被稱為「下市場」；接下來，今中環街市南面的山坡，接近當時洋人聚居處，又發展成一處華人商販聚居的「中市場」；隨着香港大興土木，從九龍及中國內地招來不少勞工，香港政府便在太平山區（今上環太平山街一帶）設立了一個「上市場」，吸引了華南不少行商坐賈前來香港營生。這些分散在維多利亞城內謀生的華人商販，究竟面貌如何呢？

Gillman's BAZAAR
Hong-Kong

隨西力東漸，東南亞和華南地區出現了不少以「巴剎」（Bazaar）為名的市集。圖為畫家筆下的 Gillman's Bazaar（今譯作機利文街）。

1894年，上環地區爆發鼠疫，圖為英兵在上址進行薰洗的情景。疫情過後，港府正式把規劃之手伸進上環地區。

英人瞿域克（Edwin Chadwick）推廣的「公共衛生」（public sanitation）觀念在二十世紀初漸漸傳入香港，成為日後重建太平山街一帶的參考藍圖。

據1845年秋《德臣西報》（*China Mail*）所作的統計，當時在維多利亞城營生的華工和商販約有388人，以小販居多，當中包括洋貨販12人，雜貨販6人。到了1872年，從港府《藍皮書》的統計所見，當時在港島營生的華工和商販已逾一萬人，當中以苦力、小販為主，另有不少轎夫、家僕等，可算是較早一代的「服務性行業」（見表3）。隨着城市開發，吸引了大量華工來港，位於西環的魯班廟（由從事木工、水泥、油漆行業的華人捐建）也在1884年誕生。

表3 1872年香港地區人口的主要職業分佈

職業分類	人數	職業分類	人數
理髮匠	895	打石	953
木匠	2,616	織草籃	338
轎夫	1,096	搭棚	43
苦力	6,170	當舖	44
彈棉花	76	做藤器	412
染布匠	91	家僕	3,750
柴炭販	85	石匠	729
小販	2,431	做傘	49
做花燈	33		

資料來源：《香港藍皮書》（香港：香港政府印務局，1872），附錄八：職業。

今日所見，不少流傳下來的外銷畫和街道相片，便把這些小商販在華南街頭販賣的熱鬧情況，活靈活現地保存下來。1882年的《德臣西

報》記載了一宗發生在銅鑼灣渣甸巴剎的暴力衝突，把下層華工的生活
片段繪聲繪影地細加記錄：

> 伍亞泰〔譯音〕與其他五人（咕哩），被控以竹槓互相打架
> 及製造街道混亂。……史密特〔譯音〕警長接報，……帶同四名
> 警員在昨晚約六時抵達渣甸巴剎，抵步後即目睹滿街是互相揮鬥

十九世紀的華南外銷畫保留了不少粵港的民間面貌，圖為外銷畫中所描繪的街道景
象和人物。

的華人咕哩，首被告被逮捕時正拾起磚頭準備擲出；他身旁一名男子則躺在地上，眼部被割傷，被送往醫院。證人也目睹一名臉部受傷的女子被兩名男子抬出一所屋宇外，她也被送院。

（警員目睹）另有四十多人正在打架，兩陣營各約二十多人，各持竹槍和石塊作武器，被捕六人並非首領，他們被捕只因各人位置較接近警員，其他人紛紛逃遁時，他們卻被逮着。……

（警方）調查騷動起源，得悉事緣一名在市場內抬着木頭的咕哩，碰撞到市塵內一名潮洲人，引起吵架，兩方朋友相繼加入，結果引至一場大騷動，三人送醫院，……（各被告中）除次被告為本地人外，其餘五人皆為潮洲人。[13]

隨着港島市政不斷開展，不少官員便提出方法，希望規管這些到港謀生的流動人口。與此同時，香港政府也在港島興建有蓋街市，如中環街市、大坑街市等，不少沿街叫賣的流動小販也轉成擁有固定檔址的坐商和檔販。

從「行販」到「坐賈」──招幌紛陳 招牌林立

1851年，皇后大道曾發生一場大火，燒毀不少房屋，港督般咸（Samuel G. Bonham）利用災場的瓦礫來填海，修築成今日的文咸東街及文咸西街。1850年代中期，太平天國在華南起事，不少華商南下，在文咸西街經營南北轉口貿易，此地被通稱為「南北行街」。干諾道中也漸漸成了一處米業商販的集散地，而德輔道西的鹹魚店、海味店亦成行成市。[14]

英人抵港後，港島北岸出現了多座街市大樓。圖為十九世紀末的「中央街市」。

由行販沿街叫賣發展至坐賈成肆，香江街道出現了招幌紛陳、招牌林立的景象。圖
為1897年上環鬧市慶祝英皇室成員訪港時的景貌。

香江街道的「騎樓底」建築與新加坡的「五腳基」建築有不少相似之處，兩者亦同樣為商販提供了新的營商空間。

英國殖民管治下，香港出現了商標註冊法（Trade Marks Ordinance）。圖為1940年代《憲報》上刊登的一則商標註冊資料。

　　由四處遊走、活躍於露天市場的「行販」，發展至擁有固定舖址的「坐賈」，招徠顧客的方式也由沿街「叫賣」發展至豎立奪目「招幌」的潮流。布招幌和木招牌在大街小巷湧現，不少舖戶更聚集在同一街巷經營，達至同行匯聚，成行成市效果，以吸引人流。當中的南北行、花布街（永安街）、鴨旦街（永勝街）便是佼佼者。為了招徠顧客，商人在店舖外緣豎立起形狀不一、色澤各異，或布縫或木製的招幌和招牌；又設計出別具個性的「商標」來吸引顧客。「單眼佬涼茶」、「王老吉涼茶」、「梁永馨香莊」等著名招牌先後出現。[15]

　　除了招幌紛陳、招牌林立的繁榮景象外，自十九世紀末，香江街道的容貌也發生轉變，出現了不少迴廊緊貼、環環相扣、連棟店屋（shop house）的街道區。這些被香港人稱為「騎樓底」街道的建築形態，原來與新馬地區所見的「五腳基」景觀或頗有淵源。

　　自1819年萊佛士（Stamford Raffles）等官員營建新加坡這殖民地始，便先後引入不同法規，為這濱海小城籌劃市政，「五腳基」的雛貌也慢慢形成。到了1880年代初，新加坡政府為了整頓衛生環境和保證建築物安全，續引入連串城市改造計劃，例如正式規定建築物的一樓部分，必須留有寬約五英呎的步行路，並須築有頂蓋供路人行走。這個有趣設計正好配合亞熱帶極端的天氣：白晝陽光猛烈，午後往往下起傾盆大雨，店屋前的「五腳基」正好為行人提供可避過烈日和遮風擋雨的「騎樓」底。這些街道空間也成為華人商販做生意的好場所，他們紛紛在店屋前的「五腳基」空間擺攤子，經營飲食、理髮、書報、雜貨等小生意，成為所謂「五腳基行業」。發展下來，這種商住合一、屋中有店的「店屋」遂成為新加坡的街道特色，其建築風格也融合了中國、馬來亞和歐洲元素。店屋的形貌多較細長，正面狹窄而內部深長，一樓多設

為商店，二樓以上則多為住家。

　　隨新馬、華南等文化元素融合，香江也衍生出自己的城市風貌，例如在 1856 年，香江的一些建築法規已包含了柱廊的描述，發展下去，「騎樓底」更一度為香港街道添上新風貌，成為港人記憶中韻味獨特的街道景致。[16] 據老一輩居民稱，從前四處遊走的小販，棲身「騎樓底」營生，叫賣之聲不絕於耳，足以令遊人的記憶變得「聲、色、味」兼備，這些街道風味也別具吸引力。

　　戰後，隨着霓虹光管廣告招牌日漸普及，昔日布招幌、木招牌林立的景象起了奇妙變化。在霓虹招牌掩映下，街道變得燈火璀璨，虛實變幻，令香江成為一顆東方明珠，夜幕低垂時分，其絢麗景色更是聞名遐邇。

　　步進 1970 年代，隨着地價上揚，社區重新發展，不少舊街道悄然消失；與此同步，買賣活動除了棲身「巴刹」和「騎樓底」外，也漸漸移進室內，遷上多層高樓，加上大丸、崇光等日資百貨公司所帶起的消費時尚愈演愈熱鬧，港人的購物習慣也大為改變。銅鑼灣便在這潮流中凝聚成一處熱點，一度被消費者稱為香港的「小銀座」。

從廣告所見，歷經百年變遷的連卡佛已由開埠時一處小攤檔變成棲身於高樓華廈的百貨商店。

從「蘇杭百貨」到「環球百貨」——百貨公司在香港

開埠之初，香港的華洋雜貨店多由華人經營，走中下階層路線，並集中在蘇杭街。百貨公司落戶香港的故事，則可溯至1848年，故事的起點便繫在英國船員T. A. Lane身上，他從英國運來一批雜貨日用品，在香港設攤販賣，見生意不俗，便與其夥伴N. Crawford攜手，於1850年在中環搭蓋一家小商店，作為舶來百貨的買賣地點，這家小店可說是「連卡佛」百貨公司的前身。隨着生意規模壯大，連卡佛也於1920年代正式在香港註冊成公司，並逐漸走向銷售高檔貨品的路線。

步進二十世紀初，香港首家華資百貨公司——先施公司，在中環開

由回流僑商所開辦的「香港四大百貨商店」廣告。

從廣告所見，四大百貨公司把不少新穎的舶來貨品引入香港。

永安公司之廣告。

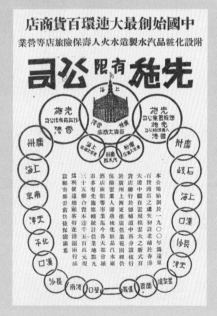

先施公司之廣告。

1960年代，先施公司舉辦的一次「時裝表演」。

先施公司的內景顯示其西式的櫃位設計和擺設。

早期的先施公司。其外牆廣
告以「不二價統辦環球貨」
作宣傳語。

屹立於上環的先施公司,其
外牆寫有「香港大市場」和
「不二價」等宣傳語招徠顧
客。相片拍攝於1920-1930
年代。

先施公司的主要創
辦人馬應彪先生。

業，它首倡貨不二價，起用女售貨員，又首創樓上營業，
[17] 漸漸改變了當時華人的消費習慣。

先施的故事始於十九世紀中葉，當時不少中山及四邑
人為謀生計，遠赴美洲及澳洲工作，部分經營零售業，其
後美、澳兩地掀起大型排華潮，聲稱華工搶去其他族裔的
工作機會，不少華僑只得回流華南地區。自 1900 年起，
部分回流華僑在香港成立四大華資百貨公司，分別是先
施、永安、大新和中華，其股東當中有不少是基督教徒（如創辦先施公
司的馬應彪、創辦大新公司的蔡昌），他們出錢出力，成立中華基督教
會，捐助男女青年會、英華女校等，並起用女子為售貨員，更要求員工
參與周日崇拜及上主日學，營商之餘，也在香江開創新風尚。[18]

從廣告所見，這些百貨公司先後引入不少新奇的舶來商品，如「涼
爽反領襯衫」、內衣褲、墨水筆、收音機、牙膏和牙刷等，改變了華人
的生活習慣，並帶動時尚潮流。

先施和永安除了經營百貨業外，也有保險、酒店、汽水廠和銀行等
聯營業務，並在上海和廣州設有分店。雖然先施和永安皆採用西法創立
百貨業務，但先施的馬氏、永安的郭氏皆是來自傳統家族，兩姓皆是中
山人，長久以來建立起緊密的姻親關係，創立百貨業的部分資金也是透
過宗族祠堂向族人募集得來。[19]

除了本土華資外，中資國貨公司也在 1930 年代來港經營，裕華國
貨公司於 1950 年代在港開業，其後，中僑、中華、大華、中國等多家
國貨公司相繼抵港，主要銷售中國食品、土產、陶瓷等，並提出「愛祖

國，用國貨」的口號。[20] 在戰後初癒的香江，廉價國貨深受大眾歡迎，國貨公司業務十分興旺，其中，中國國貨公司更一度落戶銅鑼灣軒尼詩道，成為市民大眾的購物熱點之一。

戰後新政策——「購物天堂」的誕生

戰後，香港政府銳意推廣旅遊業，大力樹立香江「東方之珠」、「購物天堂」的新形象，改變了香港的消費文化和市場面貌，與西方風尚、東瀛品味進一步接軌。這種種變化或可溯至1955年。當年8月，港府成立旅遊事業工作委員會，為連串改革埋下伏線。1957年，香港旅遊協會誕生，[21] 當時旅遊業還處於孕育期，每年來港旅客僅約五萬人次，到了1967年，這個數字已驟升約十倍；至1970年代初，旅客人數更打破一百萬大關。一時間，旅遊業成為新貴行業。[22]

「旅協」成立不久，即以「東方之珠」為香港命名，通過海報、傳單、刊物、廣告、電影及商展等各種渠道向海外宣傳，[23] 把香江描繪成每當夜幕低垂便燈火輝煌、宛若一顆晶瑩明珠的「迷人港口」，[24] 以東方色彩和漁村風味來招徠旅客。「旅協」也以帆船作為協會的標誌，並邀來畫家曾景文，以人力車、燈籠、鳥籠、帆船等具東方特色的物件，繪畫多幅海報，[25] 以凸顯「香港就是東方」(The Orient is Hong Kong) 這個宣傳主題。[26]

「旅協」在宣傳香港是「購物天堂」的同時，也從海內外聘請多位導演，拍攝香港自然景色、街巷狀貌的宣傳片，[27] 向旅客推介在香港購買照相機、手錶、西服、工藝品等價廉物美，應有盡有，貨品琳瑯滿目。[28] 與此同步，香港政府也透過土地政策，積極鼓勵商界投資酒店和購物設施，香港的酒店房間數目由1959年僅有2,900多間，增加至1972

年逾 10,000 間。隨旅遊業起飛,香江百貨業也迅速轉型。[29] 而 1971 年建成的太平山頂觀景台(香港人慣稱作「老襯亭」)及食肆,更可說是生逢其時,隨着當時旅遊業的發展,成為著名的旅遊新地標。[30]

在急速發展的歲月中,一位報社記者曾以〈從「蘇杭百貨」到「環球百貨」〉為題,記述了時人如何回溯香港百貨業的起飛歷程,並目睹日資百貨登陸香江前的微妙一刻:

> 香港百貨行業,最先是經營國貨,後來才做洋貨的。⋯⋯以經營中國蘇州和杭州的出品為主,例如刺繡用的各種顏色的絲線、線轆、衣鈕,婦女們用的頭繩、抽紗及花邊等,都是當時最通行的百貨,俗稱「蘇杭百貨」。今天的乍畏街,又稱蘇杭街,過去就是蘇杭貨的集散地,也是香港百貨業的發祥地。

> 約在 1908 年間,⋯⋯商人才開始經營洋貨,特別是當先施、大新、中華及永安等四大百貨公司〔開業後〕,⋯⋯洋貨中,最先打進香港市場來的英國貨,舉凡毛絨、毛冷、羊毛衫、雨傘、搪瓷器皿、餐具、雨衣、膠鞋、布疋、手帕、恤衫、襪子及兒童玩具等,都以英國出品最多,約佔了百分之六十。

> 美國貨在香港市場上的抬頭,主要是在第二次世界大戰以後⋯⋯。製品如透明膠褲帶、尼龍絲襪、透明雨衣等,又是戰後的新出品,更是流行一時。⋯⋯稍後幾年,日本工業恢復,日貨來港傾銷亦日見增加。⋯⋯例如毛冷,1956 年全年香港進口共 307 萬磅,日本毛冷即佔了 166 萬磅,而英國毛冷進口只有 94 萬磅。此外,其他日本貨物如毛巾、床單、花布、玩具等,每年進口數量也不少。⋯⋯近年來,還有美、日資本直接侵入香港百貨

業，「大丸百貨公司」已在銅鑼灣覓得舖位，不久就要開檔了。[31]

自 1960 年代，日資公司一度繁花盛放，大丸、伊勢丹、松坂屋等紛紛開業。到 1980 年代，三越、東急、八佰伴、崇光、UNY、吉之島、西武等也魚貫登場，壯大了東瀛資金在香港的陣容。

百貨業潮流席捲香江數十載，到 1980 年代末卻驟然逆轉，隨着訪港的歐美遊客數目急跌、舖租急升，百貨業落入低谷，行內不斷傳出收購與合併的消息。[32] 與此同步，緊隨歐美東來的消費潮流，一個「商場時代」（Shopping Mall Era）也在凝聚動力，並在香江這個商國舞台徐徐開展，這段商國傳奇或可由海運大廈的故事說起。

進入大商場時代

1967 年，海運大廈啟用後，一度成為香港最具規模的室內購物中心，仿若預示了大商場時代的到來。海運大廈的誕生，正是「九龍倉」這家香江百年老店的轉型故事：由經營倉棧碼頭轉向營建購物商場，如第五章所述，「九龍倉」將會把塑造海運大廈的經驗應用於銅鑼灣，營造出「時代廣場」這一新地標。

到了 1980 年代，隨地下鐵路這一大型運輸系統啟用，其沿線上蓋地段，陸續矗立起高樓和購物中心，不少大型商場（shopping malls）也平地崛起，此消彼長下，百貨公司面臨重重衝擊。1997 年亞洲金融風暴爆發後，百貨業更成為重災區，多家老牌百貨公司相繼倒下，反而不少大型商場內的名牌專門店卻迅速崛起，羣雄逐鹿下，零售市場又開展了新一輪的合縱和連橫。

小結：銅鑼灣──英資、華資、日資商人的舞台？

近年來，香江文藝圈中掀起了一段「城市書寫」時尚，不少文化人也各自延續了班雅明（Walter Benjamin）的浪漫旅程，變身成「都市漫遊者」，並在各自的空間編織起自己的解讀文本，他們各覓幽徑，也各有姿采。在這些「漫遊者」筆下，城市閱讀往往被賦予一層神秘面紗。或許，對平民大眾而言，只要游目四周，他們也一樣能別具慧眼，拼湊出屬於自己的故事，演繹這個城市的過去、現在和未來。

這本小書便希望由此出發，踏足我們以為十分熟悉的銅鑼灣，重訪商國故地，探尋百多年來耐人尋味的商國發展軌跡：由行販雲集、坐賈成市、到日資百貨公司結聚成「小銀座」，再到商場時代的誕生。在銅鑼灣這個商國舞台上，不同時代長袖善舞的主角（如英資、華資、日資商人），呈獻了一幕又一幕的汰弱留強，豐富了香港這個綿延百年的城市悲喜故事。

註　釋

1　銅鑼灣的定界今昔有所不同，現時銅鑼灣的定界多是指灣仔以東，北角以西，橫跨了灣仔區及東區，包括了維多利亞公園以西，堅拿道以東一帶地區。昔日的銅鑼灣多指今維多利亞公園的港灣及其東岸，更包括現時的天后一帶。至於維多利亞公園與波斯富街之間的位置，則被稱作「東角」。而堅拿道一帶則被稱為鵝頸區。這種往昔的劃分方法至今仍遺下不少痕跡。

2　Braudel, Fernand, Sian Reynolds tran., *Civilization and Capitalism, 15th to 18th Century*, Vol. III, The Perspective of the World (London: Fontana Press, 1985).

3　參見王崇熙等編：《新安縣志》（嘉慶二十四年〔1819〕刊本精鈔），附圖。

4　在政治、文化、法律和貨幣等各方面，香港都是中英兩個經濟體系的接壤處，而在香港營生的商人亦變成了典型的「中間人」。相關討論可參見 Chung, Stephaine Po-yin, *Chinese Business Groups in Hong Kong and Political Changes in South China, 1900-1925* (New York: St. Martin's Press, 1998)。

5　Zeldin, Theodore, "How those who want neither to give orders nor to receive them can become intermediaries", in *An Intimate History of Humanity* (London: Sinclair-Steveson, 1994), p.147-165.

6　參見蔡榮芳：《香港人之香港史，1841－1945》（香港：牛津大學出版社，2001年），頁21；程美寶、趙雨樂編：《香港史研究論著選輯》（香港：香港公開大學出版社，1999），頁31；Eitel, Ernest J. *Europe in China: The History of Hong Kong from the Beginning to the Year 1882* (Tapiei: Cheng-wen Publishing Company, 1968, originally published in 1895), p. 224-226; "Census of the Colony of Hong Kong, 1857-1891," in *Hong Kong Government Gazette*, 2 Aug 1891, p.751.

7　參見丁新豹、黃迺錕：《四環九約》（香港：香港歷史博物館，1994）；Leeming, Frank, Street Studies in Hong Kong: Localities in a Chinese City (Hong Kong: Oxford University Press, 1977), p.3；鄭寶鴻：《港島街道百年》（香港：三聯書店，2000），頁70。

8　同上註。另見 Tregear, Thomas Refoy and L. Berry, *The Development of Hong Kong and Kowloon as Told in Maps* (Hong Kong: Hong Kong University Press, 1959), p.5; Bristow, M. Roger, *Land-Use Planning in Hong Kong: History, Policies and Procedures* (Hong Kong: Oxford University Press, 1984), p. 25-26; Enclosure of 6 July 1843 to Dispatch 7 of 17 July 1843 CO129/2, p. 38-51。

9　"Comparative Return, Showing the Population of Hong Kong in each year, from 1848 to 1855," *Hong Kong Government Gazette*, 1856.

10　參見 Empson, Hal. *Mapping Hong Kong: A Historical Atlas* (Hong Kong: Government Information Services, 1992), p.165.

11　步進1870年代，華人地位急升，成為香港最大的經濟力量。1880年，華人所納的差餉和稅款約達總稅收的九成。參見 Pomerantz-Zhang, Linda, *Wu Tingfang (1842-1922): Reform and Modernization in Modern Chinese History* (Hong Kong: Hong Kong University Press, 1992), p. 41-48。

12　秋雨：〈香港社會滄桑錄〉，載黎晉偉編：《香港百年史》（香港：南中編譯出版社，1948），頁13。

13　"Serious Fracas in Jardine's Bazaar", *The China Mail*, June 20, 1882.

14　霍啟昌：《香港與近代中國》（香港：商務印書館，1992），頁93；經濟導報社編：《香港商業手冊1961》（香港：經濟導報社，1960），頁36-57。

15　可參考 "Trade Mark Ordinance, Scale of Fees", *Hong Kong Government Gazette*, 1874, no. 113.

16　江柏煒：《「洋樓」：閩粵僑鄉的社會變遷與空間營造(1840s-1960s)》（台灣大學博士論文，2000）。

17　參見《百載光輝 繼往開來──先施的故事》（香港：先施有限公司，2000），頁7-13；Wing On Co. Ltd., *80 Anniversary* (Hong Kong: the Co., 1987).

18　參見 Chung, Stephaine Po-yin, *Chinese Business Groups in Hong Kong and Political Changes in South China*.

19　呂志華：〈馬景煊細說先施百年滄桑〉，《資本雜誌》，第145期（1999年12月），頁84-88。

20　參見中國國貨有限公司編：《中國國貨有限公司成立五十周年特刊》（香港：中國國貨有限公司，1988）。

21　*Report of the Working Committee 1956 on Tourism* (Hong Kong: the Government Press, 1957), p.1.

22　Hong Kong Tourist Association, *Hong Kong Tourist Association Annual Report*, 1957/58 to1972/73.

23　Hong Kong Tourist Association, *The Hong Kong Tourist Association: Achievement of ten years* (Hong Kong: the Association, 1967).

24　Hong Kong Tourist Association, *Hong Kong Tourist Association Annual Report 1963/64*, p.12.

25　同上註。

26 華僑日報：〈一年來之香港旅遊〉，《香港年鑑》（香港：華僑日報，1961），頁 27。

27 Hong Kong Tourist Association, *Hong Kong Tourist Association Annual Report 1961/62*, p.3,18; Hong Kong Tourist Association, *Hong Kong Tourist Association Annual Report 1963/64*, p.3.

28 Hong Kong Tourist Association, *Hong Kong Tourist Association Annual Report 1965/66*, p.7; Hong Kong Tourist Association, *Stop and shop where you see this sign* (Hong Kong: the Association, 1965).

29 *Report of the Board of Management of the Hong Kong Tourist Association*, p.18; Hong Kong Tourist Association, *Hong Kong Tourist Association Annual Report 1972/73*, p.18; 華僑日報：〈一年來之香港旅遊〉，《香港年鑑》（香港：華僑日報，1967），頁 96。

30 作者訪建築師鍾華楠稿，2002 年 1 月 19 日。鍾氏乃香港資深建築師，設計的作品有位於港島山頂區的「老襯亭」。

31 經濟導報社編：《香港商業手冊1961》（香港：經濟導報社，1960），頁 90-91。

32 中國國貨有限公司編：《中國國貨有限公司成立五十周年特刊》，頁 28；〈經濟冬天的倒影？〉，《亞洲週刊》，49 期（1997 年 12 月 8 日），頁 41；鄭玉佩：〈永安先施瑞興極擺脱傳統形象〉，《經濟一週》，824 期（1997 年 9 月），頁 31；鄭玉佩：〈國貨公司改組經營注入新元素〉，《經濟一週》，824 期（1997 年 9 月），頁 32。

第一章

銅鑼灣步入變臉歲月

銅鑼灣
步入變臉歲月

香港開埠伊始，英艦「硫磺號」在香港島北岸進行細緻的地理考察和地圖測繪，赫然發現一處地形內陷的港灣。雖然這裏看似人跡罕至，但沿着海灣卻有一條人為的石堤（即英語所謂的 Causeway），正因為這個有趣「地標」，英人便把這海灣取名為 Causeway Bay（意譯為「石堤灣」），而開埠後，沿着這石堤邊拓寬而成的馬路，也按 Causeway 的音譯而命名為「高士威道」。悠悠百多年過後，石堤灣及毗鄰區域已經歷多番變化，如今成為繁華地帶。隨着銅鑼灣地區經濟的躍起，昔日座落在石堤灣邊的濱海小村已悄然消失，漸漸被人遺忘。追本溯源，修築這條古老石堤的，究竟是何許人呢？

朦朧歲月 濱海村落

步進十九世紀，隨着中英兩國的接觸日漸頻密，雙方分歧也愈見明顯。例如在當時不少英國官員心目中，「香港」就是香港島的總稱，英軍佔領香港島後，順理成章把這東方小島的官方名字稱為香港；但從不少中文文獻所見，「香港」這名字往往是指島上一隅的「香港村」（位置約今黃竹坑及毗鄰地方），文獻在提及今日的香港島時，往往也羅列出島上其他村莊的名字，如大潭、赤柱、紅香爐、筲箕灣、黃泥涌、薄鳧林等，但這小島卻沒有一個較明確和一致的總稱。正因如此，在鴉片戰爭時期，中方代表琦善、英方代表義律在商議割讓香港之際，便曾就「香港」的定義引發過一場爭論。

　　從 1841 年 5 月 15 日《香港轅門報》（*Hong Kong Gazette*）的記載所見，香港島開埠伊始，已有十六條村落有華人居住，按人口多寡，依次為赤柱（2,000）、筲箕灣（1,200）、黃泥涌（300）、香港村（200）、亞公岩（200）、石澳（150）、土地灣（60）、紅香爐（50）、羣大路（50）、西灣（30）、石塘咀（25）與掃捍埔（10）；其中，位置鄰近今日銅鑼灣一帶的，便有黃泥涌、掃捍埔、紅香爐等村落。

　　歌連臣中尉（Lieutenant Collinson）於 1845 年繪製香港地圖時，也記錄了現今大坑一帶的地貌，放眼所見，溪流沿山而下，流入銅鑼灣海旁的水坑，溪流兩旁盡是稻田。當時銅鑼灣是一處內海灣，沿山為地勢較低的一片平地，依山傍河盡是稻田和耕地，掃捍埔與大坑等小村座落

APPENDIX II

ORIGINAL GAZETTEER AND CENSUS, MAY 15TH, 1841　n. 1

		Population
Chek-Chu	The Capital, a large town	2,000
Heong Kong	A large fishing-village	200
Wong Nei Chung	An agricultural village	300
Kung-Lam[1]	Stone-quarry—poor village	200
Shek Lup[2]	do.　　　do.	150
Soo-Ke-Wan	do.　　Large village	1,200
Tai Shek-ha	do.　　A hamlet	20
Kwan Tai-loo **羣大路** Fishing-village		50
Soo-kon-poo	A hamlet	10
Hung-heong-loo	Hamlet	50
Sai Wan	Hamlet	30
Tai Long	Fishing hamlet	5
Too-te-wan	Stone-quarry, a hamlet	60
Tai Tam	Hamlet near Tytam bay	20
Soo-koo-wan	Hamlet	30
Shek-tong Chuy	Stone-quarry. Hamlet	25
Chun Hum	Deserted fishing-hamlet	00
Tseen Suy Wan	do.	00
Sum Suy Wan	do.	00
Shek-pae[3]	do.	00
		4,350
In the Bazaar		800
In the Boats		2,000
Labourers from Kowlung		300
Actual present population		7,450

[1] i.e. A Kung Ngam.　　[2] i.e. Shek O.　　[3] i.e. Aberdeen.

《香港轅門報》（*Hong Kong Gazette*）記載香港開埠初期的人口分佈情況。

其間，旁接黃泥涌村。為了防止漲潮時海水湧進山下的農田，農戶與田主遂利用石塊修築起一條長堤，保護農地，長堤的歷史可追溯到1724年以前。[1] 到英人抵港時，這些小村落估計已有逾百年歷史。據1841年香港政府人口調查報告顯示，香港島有華人7,450名，其中黃泥涌村、掃捍埔的居民分別為300人和10人，聚落的規模可以大概推知。[2]

在這些傳統濱海村落裏，民眾的生活狀貌如何呢？英人抵港時，這些村落雖然已有逾百年歷史，但流傳下來的文獻或文物卻不算豐富，在新界各大族不斷修建祠堂、編修族譜的同時，這些港島小村落的居民卻默默營生，似乎未有利用文獻、族譜和修建祠堂等方式來表彰自己的歷史。流傳至今，有關這些小村落的文字記載，多來自新界各大姓望族的筆下，表達的也是新界各大族仿若居高臨下的觀點。例如錦田鄧氏稱，自1720至1762年間，他們先後向新安縣登記了擁有黃泥涌約189畝土地；錦田村保存下來的《稅畝總呈》內，亦記錄了鄧氏在此地的田畝數目，黃泥涌村民必須向錦田鄧氏繳稅。1819年編修的《新安縣志》中，便出現了「掃管莆」的村名，記載了村莊內約有五十石農田，以大坑流下的山水來灌溉農作物，村民大多為彭姓，他們須向上水廖氏繳納田租。[3] 那麼，在強弱懸殊的形勢下，這些小村農戶和新界大姓望族之間是如何交往的呢？

雍正二年（即1724年），新安知縣曾寫作一篇〈創建文岡書院社學社田記〉的文章，記錄了新界大族與港島農戶之間的土地關係，其文如下：

> 皇帝臨雍釋菜，崇儒重道，今天下郡縣有學田者，建置社學，部臣下其事於直省，行郡縣，郡縣帖下教官，商酌查議。新

1819年的《新安縣志》地圖上，還未載有「香港」這名字，但卻繪有「九龍汛」這一地標。

畫家筆下 1840 年代的銅鑼灣。

安舊隸東莞，明之中葉，分為今治，故無學田。前月丁公棠發，曾建義學一棟三楹於文廟之右，而無房舍，又其地處東郊，無城郭牆垣以為衞，時海疆多警，子弟視域外為畏途，竟成虛設。會裁所之議下，所官舊有官署一區，兵燹之後，已為墟矣。官斯土者，賃舍以居，前守戎張蔡君，先後曾購民房改造。……余曰：曷讓此與余購為社學乎？兩君欣然許可，守戎亦願自減其值，受價一百金。於是鳩工庀材，創造一新，額之曰「文岡書院」。邑弟子員廖生九我聞風慕義，以其家嘗田五十石，捐為社田，其田土名掃管莆，原載三都二十一圖五七兩甲……，即著原佃彭尚璉等承批輸租，其彭姓所毀石壘，立命修整復舊。

　　文中所見，上水人廖九我自稱擁有「掃管莆」農田，承租給彭尚璉等農戶。據推測，「掃管莆」彭氏乃康熙復界後遷來香江的客家人，他們向上水廖族租得農田，以耕種為生。村莊約有五十石農田，由於其地理位置鄰近大坑，這片農地也多依賴大坑流下的山水灌溉，據夏歷先生稱，這些農地的位置很可能便是今日掃捍埔一帶。[4] 文中又稱租戶彭氏拒絕向田主繳租，田主廖九我向官員解釋道：由於臨近濱海，為了保護農地免被潮水淹浸，於是築起了一堵石壆，但彭氏卻私下把石壆毀壞，作為拒絕向廖氏繳交田租的藉口，廖九我遂尋求縣令協助，強迫彭氏繳納地租，之後聲稱已把這些農田送交社學，用作族眾公益之用途，糾紛才告一段落。[5]

　　這宗糾紛究竟孰是孰非，今天已難判斷，但租務糾紛背後，卻隱含了大小族姓之間的角力。在另一邊廂，黃泥涌村也發生過幾次田土糾紛，如在 1844 年錦田鄧氏上告新安縣令，聲稱其族人擁有的黃泥涌農地，突然被田戶改變用途，建作房屋。他們恐怕佃戶不再如約繳納田租，希望新安縣令插手干預。但中英戰爭過後，形勢已發生巨變，香港成為英國殖民地，新的政權帶來了新的土地制度，新安縣令已無從插手。

　　如上所見，新界鄧氏和廖氏等大姓似乎未有牢固控制「掃管莆」、黃泥涌這些他們自稱擁有的農田或土地；另一方面，彭氏等農戶似乎也無力向清廷或港英政府取得開發土地者的優裕地位。政權改易和數番田租糾紛過後，這些擁有逾百年歷史的小村落，仍未有為自己留下較豐富的文字記錄。歲月流逝，我們還可以重訪這些小村的景貌嗎？且讓我們跟隨一位法裔畫家的步履，重遊百多年前港島北岸的小村景緻。

黃泥涌村的滄桑變幻

香江成為英國殖民地前，著名法國畫家波塞爾（Auguste Borget, 1808-1877）曾在1838年千里迢迢來到香江，為港島北岸的秀麗景緻留下了點點記述。這些資料十分珍貴，今天重讀更令人感慨滄海桑田，婉惜無限。

1830年代，波塞爾乘船遍遊南美、太平洋各地，沿途繪畫並以文字記錄各地風土人情。1838年他來到東方，帶着畫具親訪港島北岸一條小村，從他筆下所記錄的種種景觀推測，這處很可能便是黃泥涌村。傍晚時分，他登岸漫步，沿途欣賞秀麗樹木，穿越幾處稻田後，遇上數頭水牛，他說趕牛的小孩好奇友善，反而在水窪中浸玩的水牛，眼神中流露出點點被陌生人打擾的怒意。他沿着小徑前行，沿路林蔭優美，兩旁都是秀麗的樹林和竹林，前行不久，便抵達一條村子，這裏有三條平行的村路，寬約六呎，引領路人走到村子的中心地帶。沿路走來，一大羣好奇友善的村民一直緊隨其後，他越往前行，隨行的人羣就越增多，所有村民都幾乎走到屋外，站在門邊好奇地觀看他這位「番鬼」（Fanqui）路過門前，每家每戶的村民都友善地邀他入屋喝茶，最終他應一位老伯所邀，在小屋內與這位老人家一起喝茶和抽煙。波塞爾形容村民所用的茶杯細小，喝的茶也沒有加糖。離開小村後，他登上小山丘回望，看見這山谷景緻優美，綠田處處，還有一處峽窄小道可通往海邊，舉目遠眺，更可看到對岸九龍（Cow-loon）半島的美麗山景。他感慨地記下：不少西歐人都說這個東方大國對外邦人並不友善，但他對這東方小村的純樸好客，卻留下深刻印象。[6]

著名的法國畫家波塞爾
（Auguste Borget）畫像。

波塞爾筆下港島北岸的一條小村落。

　　英人落戶香江後，多次以整治水患和改善衛生條件為由，收回黃泥涌村土地，部分農地更變成跑馬場，令這條小村歷經桑田變幻。一位傳教士出身的德裔殖民地官員羅存德（Wilhelm Lobscheid，1822－1890）1850年代末來到此地查訪，在1859年出版的報告中，他寫下有趣記錄：這條被稱作「死亡谷」（Valley of Death）的村落在稻田被轉成跑馬場後，已變成一處健康地區，但給予稻田耕作者的金錢，卻由於他們處理得不好，短時間內已被花光了，於是這裏的居民和從前一樣貧窮，加上失去了昔日給他們提供米糧維生的農田，情況就更壞。羅氏稱這裏的居民一直不是「最令人寄予期望」的一羣，現在他們就變得十分憤怒和排斥洋人，幾乎可說若偶然與陌生人對話，對方不停地提及被奪去稻田的不幸際遇，便可推知說話者是黃泥涌人！他們總把自己視為惡政下的

香江開埠之初，大批華人石匠來到港島謀生，圖為畫家筆下，1846年擺花街一帶的英兵與華人石匠。

不幸受害者。這些記錄不僅反映出這位殖民地官員如何理解華人村民的處境，或許也側寫了黃泥涌村短短二十年間的變化：由畫家波塞爾筆下友善平靜的小村落，變成了羅氏筆下充滿怨懟和不忿的小村落。

1893年，一本在香港刊印的英文旅遊書籍《香港指南》（*The Hong Kong Guide*），曾向旅客推介銅鑼灣的「墳地之行」，當中記載了黃泥涌村面臨另一巨變前的平靜景象：

在山谷的西面便是墳場地……，如聖公會墳場便遍植了美麗的秀樹繁花。近山谷的盡頭，沿山之處便是古老的黃泥涌村。這村子的現貌跟它二百年前的模樣大致相若，是在南中國找到的典

型村舍樣式。村中只闢有狹窄的街道與小巷，用以減低外來勢力的驚擾。在村子東南方有一株高大的荔枝樹，其豐姿甚堪欣賞。這些荔枝樹早在村子建成初期已被栽植下來，果實也一度在市場出售，但如今已久久沒有結果子了。[7]

到了1923年，黃泥涌村遭逢山洪暴發，變得滿目瘡痍，香港政府便藉此收回黃泥涌村土地，將部分地段闢為馬路，成為後來的黃泥涌道，其餘土地則作為官地拍賣，指定用來興建高級住宅，即今日的毓秀街、景光街、昌明街和綿發街一帶。至於原來的村民則被安置到新建的平房，位置正是現今桂芳街、晉源街和聯興街一帶地區。跑馬地也再度擴建，這次連跑道圈中心的農田也被填平，轉由政府運動場委員會管轄。[8] 一如本書附錄所見，香港的足球風雲可說是在這片草地上延捲起來，並在青少年中掀起滔滔的潮流巨浪。二戰後，資深報人吳灞陵曾這樣憶述他在1920年代到訪黃泥涌的舊事，訴說舊景象如何消失：

> 黃泥涌，是一支水勢頗大的溪流，而且又是一支流域頗長的溪流，尋源溯流，其範圍非常廣大，……現在黃泥涌谷闢成一個偉大無比的跑馬場了，黃泥涌谷這個名字也改成「快活谷」了。還有，一條環繞跑馬場的電車路，也改名黃泥涌道了，黃泥涌村也給改成摩登的住宅區，不再住着那些土頭土腦黃泥涌土人了，……在二十五年前，一條古老黃泥涌村依然是吳姓和葉姓的村民在那裏安居樂業，雖然他們只是挈石頭做牆壁，挈木塊做瓦蓋。……在黃泥涌村的另一端，是一片田圃，兩姓村民，種稻種菜，養雞養豬，日出而作，日入而息，自食其力，怡然自得。……村裏設有一個街市，用竹葵葉蓋搭而成，裏頭只有豬牛肉類和鮮魚，沒有菜蔬，因為鄉下人自己會種植瓜菜，街市不需要這些。……香港政府決定開闢這塊地方時候，通知全村居民搬

十九世紀華南外銷畫，畫家筆下華人石匠的營生情況。

到指定的地方去住，假如你以為生於斯長於斯食於斯，不肯離開
這個地，香港政府就每月補回四十二元給你，一直支付到黃泥涌
村開闢為現代住宅區成功那天，這一個悠長的日子，大概是三個
年頭。[9]

吳灞陵所憶述的景象究竟有多貼切呢？1926 年的《華僑日報》也
記述了黃泥涌村水患連年的情況，並解釋了水患與鵝頸橋口工程之關
係：

（鵝頸橋口之工程）其所以遲遲未動工填塞者，實關於黃泥涌
村連年之水患問題，該村內有小街三條〔編者按：這點與畫家波
塞爾在1838年到訪港島北岸時所見景物吻合〕，細小狹窄之古屋

二百餘間，人口約一千九百餘名，村外之地段，多已為人購去填高地面，改建洋樓，幾將全村環繞，因是村內所有地段，勢處低窪，每值大雨之時，山上之泥傾下，低積之水不流，全村受禍極巨，前年且致溺斃人命。去年村中父老曾託吳鎮其、陳紫桓等竭力向周紳壽臣疏通，請代向本港政府呼籲，要求從速設法將水道疏通，或將住戶改建，嗣至去年十月，已邀政府允准，興工將全村小屋改建，及築高地基，中有未將祖屋出售之住客，計共八十餘家，按月皆得政府津貼租項十二元，以至工程告竣為止。惜政府建築水道之工程，所費浩大，係築十八寸大渠一道，在該處大山之下，接連猛流山水，村外之東成西成兩街，另添築大喉，使山水乘渠喉直貫流下鵝頸橋，而橋之上下兩節，則再築渠一道，直到海水通連。近此項工程，已在建築中，以後山水，或不致遺禍於村之居民也。[10]

英人抵港後，銅鑼灣畔的舊村落和山水景物經歷了多番滄桑變化，山脈被移去，海灣被填平，澤地成了跑馬地，[11] 而村落羣中的居民也隨着舊村落的消失而漸漸星散。

「紅香爐」傳説

　　在舊景物被湮沒的歷史進程中，銅鑼灣區內倒保留了星星點點的文物遺痕，當中如掌管銅鑼灣天后廟的戴士蕃家族，便成功向港府取得了土地保留權，在官方文獻中確立了自己的歷史身份。今日所見，該廟全名是「紅香爐天后古廟」，廟中的青銅古鐘鑄有「乾隆十二年」（1747年）字樣。1893年以英文刊印的《香港指南》向歐美遊客推介銅鑼灣之遊，也記下了作者當時在天后古廟的所見所聞：

> 　　沿着港島北岸、朝快活谷之東便來到了銅鑼灣，即「賽馬會」的大本營，在它前面便是一處船隻在颱風季節的避風港口。銅鑼灣有兩所有趣的廟宇，……位於較遠的一所是天后廟，毫無疑問它是香港島上華人居民圈子當中，其中一處最受歡迎的拜神地方，這是一處在農曆新年時節值得到訪的地點，拜神羣眾漂亮而色彩斑斕的衣飾，加上層層疊疊、林林總總供奉給神靈的彩色紙品和蠟燭，形成的景象一如英國的墟會般熱鬧。[12]

　　香港歷史學者、前新界政務署署長許舒（James W. Hayes），1970年曾到訪銅鑼灣區進行研究，從他蒐集得來的口述資料所見，這座天后廟的建廟者戴士蕃為淡水客家人，原本定居於九龍蒲崗，並常常遠赴銅鑼灣岸邊割草取用。有一天，他在海邊石叢裏發現一具天后塑像，以之為福地吉兆，遂開始在此地供奉天后神明，並在1868年集合捐款，修建廟宇，此即今日天后廟的雛形。在華南地區，相類的建廟傳說為數不少，這些敍述也往往成了建廟者證明擁有廟宇土地的理據之一。發展下來，戴氏八房後人之間一度出現業權紛爭，他們遂於1897年以八人名義共同入稟申請，成功以港幣六十四元向港府領得廟址及廟後之空地，租約為期七十五年。嗣後，天后古廟及其香火收入由戴氏八房族人輪流

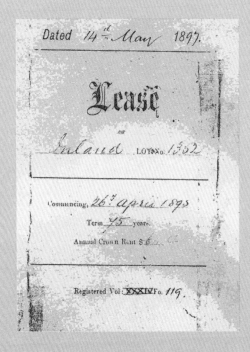

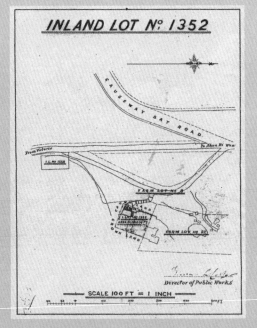

大坑天后古廟向香港政府取得的土地租約文件。

管理。[13] 許舒認為銅鑼灣天后廟屬罕有例子,它是當時香港島上極少數未被華人廟宇委員會接管的廟宇。[14]

進入二十世紀,港英政府曾多番嘗試,希望從戴氏族眾手上收回銅鑼灣天后廟,轉由華人廟宇委員會來管理,但最終未能成功。港府其後在 1983 年試圖通過把該天后廟列為古蹟,提高地租,再收回該廟宇,但這些舉措卻引起戴氏族眾興訟反對,而戴氏後人戴國華更由律師引線,會晤了當時在香港中文大學任教的歷史學者科大衛(David Faure),尋求有關中國傳統地權的學術意見,以作為法庭上的佐證。從科大衛教授留下的訪談筆記所見,戴國華當時是這樣憶述其家族的歷史:戴氏的祖先原居於九龍蒲崗,為客家人,同村有戴、邱、曾等族姓。其祖父告訴他,今銅鑼灣天后廟地址原本未有廟宇,鄰近居民也只居於茅寮,當時大坑原稱「大坑老圍」,乃一雜姓村落,村民有葉、黃、李(即「球王」李惠堂所屬的家族)各姓。其曾祖父本以捕魚為業,有一天他在海上營生,偶然拾得一具香爐(這點與許舒在十三年前蒐集的口述資料略有差異),置之於岸邊時,即見到香爐冒出煙火,遂視之為神物。不久,附近居民亦赴香爐所安置之處祈拜,後來更集資建廟。

戴氏續稱,在後來的日子,有一羣來自潮汕的鶴佬漁民途經此地,聲稱認出此香爐應是來自潮汕,為當地族眾所擁有。聞言後,戴氏及大坑居民同意,若此說屬實,定當物歸原主;半年後,該羣鶴佬漁民果然帶來數名潮汕父老,力指香爐確為其家鄉之物,大坑居民唯有把香爐歸還,但鶴佬人乘船離去後不久,船隻駛經鯉魚門時遇上風浪,香爐再次掉進大海,並神奇地漂浮至大坑原地。當鶴佬漁民重回大坑,再次要求取回香爐時,大坑居民即紛紛拒絕,雙方幾釀成衝突。大坑居民反詰:「香爐不是早前已物歸原主嗎?既然原香爐已歸還,又何來要把新香爐

大坑天后古廟。

送還？」鶴佬漁民也覺得言之有理，只好離去。嗣後，大坑居民便在香爐所置之處，興建起一座天后廟。這說法也成了今天這座廟宇仍屹立在銅鑼灣的其中一項理據。

以上由戴氏轉述的傳說，究竟孰真孰偽，今天已不易判斷，但從現存文物所見，再回顧該廟歷史，營建廟宇的戴氏的確與不少潮汕社羣有密切聯繫。如在二十世紀初成立的福州社團「三山馨社」，每逢春秋兩祭，均會前赴銅鑼灣天后廟祭祀和參拜，今日天后廟內的石刻橫案、長桌、香爐、燭斗等，皆是由「三山馨社」捐贈，並由福建著名石匠雕製，即使居住在北角的福建社羣也按時到此參拜。[15] 戴氏續稱，連石匠行會也前來修築石堤。[16] 後蒲崗被清拆時，戴氏的祖廟和四個神主牌也遷進了天后廟內，而廟後空地之小屋更一直是戴氏的居所，後來才進行重建，成了今天的樣貌。故此，這座天后廟除供奉神明外，也可說是戴氏的居所和祭祖地了。[17]

戴氏能由蒲崗遷入銅鑼灣，並成功避過港府收回廟宇土地，在鄰近區域中可說是較罕見例子，掃管莆、黃泥涌等濱海村落便沒有這般幸運。要了解這些濱海居民的生活狀況，我們或許可以從銅鑼灣現存的廟宇遺物出發，嘗試重組建廟者和信眾們日常生活的一鱗半爪。

今日的天后廟。

今日的蓮花宮。

水患和瘟疫的威脅

　　從銅鑼灣區內的廟宇遺物所見，水患和疫災可能是昔日居民時常要面對的憂患。以大坑村內的蓮花宮為例，該村位於銅鑼灣以南，村後山上有一條大坑，村民多以種稻為生。該處原是泥沼地，因常有水患，故村內的蓮花宮原建於八角形高台上，據老街坊憶述，台高十尺餘，狀如蓮花，廟內供奉觀音，因觀音坐蓮，故被時人稱作蓮花宮。宮內的鐘上鑄有「風調雨順　香港蓮花宮，永保萬年　同治三年十二月吉日沐　恩信宦　欽加同知銜鄧懷清，孝男泰華、泰榮敬奉國泰民安」等字，[18] 由此可推敲該宮在 1863 年經已建成。廟門左右小窗的對聯「開窗臨海面，閉月到籠州；遠看山色秀，近聽水聲清」正好記述了蓮花宮昔日背山面海的情況，隨着填海工程的擴展，此景貌已不復見。

　　步進 1950 年代，隨着大量移民從內地湧入香江，房屋嚴重短缺，大坑蓮花宮附近便建了大量木屋羣。 1970年代，政府開始清拆銅鑼灣的木屋區，騰出土地建成休憩公園和公共屋邨，蓮花宮也在 1975 年由華人廟宇委員會接管，並先後進行多次重修工程，其外沿也加上新式的石牆。

　　水患威脅的痕跡，在今日皇后大道東的洪聖廟（俗稱大王宮）、銅鑼灣警署旁的岳王古廟中，仍可找到絲絲線索。開埠之初，皇后大道東仍是瀕海之地，故此洪聖廟的地台上，至今還保留了一堵石牆，可用來阻擋潮水淹浸，其功能或與銅鑼灣畔的石堤相近。廟內的石柱上刻有一副對聯：「古廟維新，海晏河清歌聖德；下環抒悃，民康物阜紀神恩。」由此推知，在建廟者心目中，「下環」便可能包含了鵝頭、黃泥涌、銅鑼灣這一帶廣大範圍。廟內供奉了洪聖大王、金花夫人、太歲及

1960 年代大坑舞火龍活動。

包公等神祇，廟外還供奉了社稷及魯班先師，可說是附近居民祭祀和社區活動的中樞。雖然建廟年份沒有被正式記載下來，但從廟門懸掛的「咸豐十年孟春重修」、「同治六年闔港眾善信重修吉立」字樣所見，古廟在1860及1867年先後進行過兩次重修，由此也可推測一下建廟年份。

在另一邊廂，今銅鑼灣警署旁的岳王古廟也相傳因為要避開水患而修建在一座石台上，廟內供奉宋代名將岳飛，廟前空地則有秦檜夫婦石像。建廟年份雖然不詳，但據鄰近居民流傳的說法，在百多年前，有一名善信參拜過岳王後，在南洋一帶致富，返港後便修建了這座岳王廟，以酬神恩。以此移民故事的背景作依據，建廟年份也可推估。後來因為市區發展，廟前的土地被開闢成馬路，為了維護古廟建築，信眾乃在廟宇外沿建起一堵石牆，並加建三合土門樓以作保護。

中秋節舞動火龍，是大坑百年來相沿的社區盛事，也是瘟疫曾經肆虐該區的遺痕。據大坑居民今天流傳的說法，約在1880年秋季，大坑村內出現了一條大蟒蛇，村民將其圍捕並打死後，村內爆發了一場瘟疫，村中一名父老得到仙人報夢，啟示捕殺巨蛇一事冒犯了神明，惹來了懲罰。為平息禍端，村眾遂在中秋晚上，以草紮成龍形，在龍身插滿點燃的長壽香，再由村民舞動「火龍」，巡迴於村內各街道，沿途燃放爆竹，藉此辟邪消災。火龍舞動過後，村中的瘟疫也徐徐消解（若從今人的角度觀之，村中連放三天爆竹，硫磺氣味瀰漫多天後，可能真會帶來一點點消毒的作用），而這舞火龍的活動也保存下來成為此地習俗，除了曾在二戰期間停辦外，每逢中秋節前後三晚，大坑仍有舞動火龍的傳統。

今日所見，火龍身長約220多英呎，分成約三十多節，重逾千斤。英治期間，火龍會先在蓮花宮由民政官及街坊首長點睛，簪花掛紅後，才開始舞動。由於龍身插有萬多支長壽香，往往需要動員逾百人才可以舞動起來。活動結束當晚，火龍會被舞動至銅鑼灣避風塘，然後拋下海裏去，這項「龍歸滄海」的儀式完成後，活動才算功德圓滿。自1980年代初，港府為免維港水質惡化，便勸止居民不要將舞畢的火龍拋下海中，而是將龍身放在大貨車上，送往焚化爐處理，也可說是以火化形式來結束儀式。

在1980年代，據銅鑼灣天后廟建廟者的後人戴國華稱，天后廟沒有參與大坑舞火龍的儀式，是由於此活動多會由觀音廟經辦。而戰前，胡文虎家族每年也有捐助這項舞火龍的地區傳統活動，但卻與主辦者協議，不得將火龍舞動上虎豹別墅一帶，因為「虎和龍並不投契」，要避免虎龍相沖。[19] 由這則傳說可見，在銅鑼灣居住的戴氏、胡氏心目中，蓮花宮、天后廟和虎豹別墅或許代表了三組在不同時代落戶此地並成為鄰居的地標。

2007 年大坑舞火龍活動。

小結：朦朧的第一章

　　生活在新界大族羣立，水患、疫災頻仍的環境裏，這些環繞銅鑼灣石堤灣畔生活的濱海居民，似乎未有為自己的小社羣修建起大型宗祠和編修詳盡族譜，從而標示出社羣的勢力和社會地位。在這樣的脈絡下，銅鑼灣在走進香港殖民地歷史的第一章時，便仿若一處沒有明確歷史個性的地區，這點或許形成了銅鑼灣及毗鄰區域日後發展出來的一項特色：在不同時期落戶的開發者，會賦予銅鑼灣不同的時代個性，營造起屬於每個時代令人難忘的歷史地標。這故事且待以下各章細述。

●●

註 釋

1. 《新安縣志》卷二十三〈藝文〉中，有雍正二年（1724）新安知縣段巘生所寫〈創建文岡書院社學社田記〉，其文曰：「……邑弟子員廖生九我聞風慕義，以其家嘗田五十石，捐為社田，其田土名掃管莆，原載三都二十一圖五七兩甲……即著原佃彭尚璉等承批輸租，其彭姓所毀石壆，立命修整復舊。」文中指出掃管莆有一條石堤，並引發過廖氏、彭氏之間的糾紛。

2. James Hayes, "Hong Kong Island Before 1841", *Journal of the Hong Kong Branch of the Royal Asiatic Society*, Vol.24 (1984), p. 103-140.

3. "Guangxu ershi nian chingchao Daoguang ershi er nian buzheng liangdai Guangfu Xin'an chenggao zhaolu, (A record of the petition submitted to Provincial Administration Commissioner and the Grain Intendant from Xin'an county in Guangzhou prefecture in the 22nd year of Daoguang, recopied in the 20th year of Guangxu)", in David Faure (ed.), *A Documentary History of Hong Kong: Society* (Hong Kong: Hong Kong University Press,

1997), p.16-17.

4. 據夏歷稱，在古時「埔」多被寫成「莆」字，推測「掃管莆」即今天的「掃捍埔」。參見夏歷：《香港東區街道故事》（香港：三聯書店，1997），頁132-133，此説真偽有待考證，另王崇熙《新安縣志》中，「官富司管屬村莊」的薄鳧林村下有「掃管莆」村名。

5. 廖九我所捐之地段「三都二十一圖五七兩甲」，乃是清初之田地登記。

6. 見 Borget, Auguste, *Sketches of China and the Chinese* (London: Tilt and Bogue, 1842), p.2；Lobscheid, William, *A few Notices on the extent of Chinese Education, and the Government Schools of Hong Kong: with Remarks on the History and Religious Notions of the Inhabitants of the Island* (Hong Kong: China Mail Office, 1859), pp.33-35.

7. Shepherd, Bruce, *The Hong Kong Guide, 1893* (Hong Kong, New York: Oxford University Press, 1982), reprint, originally published: *A Hand-book to Hong Kong* (Hong Kong: Kelly and Walsh, 1893), p.93.

8. 夏歷：《香港東區街道故事》，頁130-131；葉

靈鳳：《香港掌故》（廣州：花城出版社，1999），頁417。

9　吳灞陵：〈黃泥涌考〉，載黎晉偉編：《香港百年史》（香港：南中編譯出版社，1948），頁75。

10　〈鵝頸橋口之工程〉，《華僑日報》，1926年10月2日。

11　〈摩利臣山之拓闢〉，《工商日報》，1928年1月7日。

12　Shepherd, Bruce, *The Hong Kong Guide, 1893*, p.93.

13　James Hayes, "Visit to the Tung Lin Kok Yuen, Tam Kung Temple, Happy Valley, and Tin Hau Temple, Causeway Bay, Saturday, 7th November 1970", *Journal of the Hong Kong Branch of the Royal Asiatic Society*, Vol. 11 (1971), p.195-197. 該八人分別為 Tai A Yung、Tai To Fook、Tai Yuk Fui、Tai Yuk Sing、Tai Yuk Man、Tai Yuk Cheung、Tai Yik Mow、Tai Ying Mou，其登記之地址為 Tin Hau Temple, Causeway Bay；地契資料來自戴國華先生，見科大衛博士訪問戴國華先生稿，1983年12月21日。作者感謝科教授相贈這份寶貴資料。

14　華人廟宇委員會成立於1928年，成立背景是1925-1926年省港大罷工後，港督金文泰希望加強與華人交流，除成立新界鄉議局、開辦香港大學中文系外，也成立了華人廟宇委員會，詳情見 Clementi Papers, Rhodes House, University of Oxford。金文泰是一名漢學家，畢業於牛津大學，故其後人亦把他的遺稿（包括管治香港期間的政策密件）捐贈予該大學。

15　「三山馨社」是福州的老牌社團之一，由阮漢卿、陳渭臣等組織成立，會址原在干諾道，主要是將福建的特產運港銷售，同時轉運東南亞市場，戰後該社被併入「福州同鄉會」。參見旅港福建商會：《旅港福建商會：八十週年紀念特刊》，頁244-245。

16　有關天后廟之文物，參見科大衛、陸鴻基、吳倫霓霞合編：《香港碑銘彙編》（香港：香港博物館，1986），冊1，頁129；冊3，頁666，859，860。

17　科大衛博士訪問戴國華先生稿，1983年12月21日。

18　〈銅鑼灣蓮花宮——鐘〉，載《香港碑銘彙編》，頁692-693。

19　同註17。

第二章

英資開荒 跑馬勝地

英資開荒
跑馬勝地

香港開埠後，隨着英資落戶銅鑼灣及
毗鄰地區，該區似被塑造出一種簇新
個性，「跑馬地」、「渣甸巴剎」、「渣甸糖房」等新地標
先後誕生，匯聚不少行販坐賈之餘，也正式為銅鑼灣的商國
故事掀開序幕。若要追溯這故事的源頭，或許，我們可以由
一場名為「香港熱症」的神秘疫災說起。

「香港熱症」

鴉片戰爭結束後，英國軍旅分成多路，進駐香港島各地，當中包括
今日西營盤、赤柱、跑馬地摩理臣山等據點。但抵達香港不久，駐紮在
摩理臣山一帶的軍人當中，迅即爆發了一連串神秘熱症，軍醫束手無
策，眼睜睜看着軍人逐一倒下，不少英兵客死異鄉。據學者特里格
（Thomas R. Tregear）稱，在 1842 年 6 月抵港的四百多名英兵之中，
便有一百多人在短短半年內因不知名的熱病而死去，死亡率約三成，跑
馬地也漸漸淪為一處墳場集中地。英國醫學界談虎色變，把這種神秘熱
病稱作「香港熱症」（Hong Kong Fever）。英國官員和軍人一度人心惶
惶，不少軍人都視派駐香港為畏途，紛紛抱着「避港則吉」的心態，希
望能逃過厄運，避免駐守香江這個可怕的殖民地。一時間，就連當時英
語中詛咒別人 "Go to hell" 的俗語也跟上潮流，被改成了 "Go to Hong
Kong!"。「香港熱症」之惡名遠播，從這則英軍圈子裏流傳得言之鑿
鑿的黑色笑話中可見一斑。[1]

1860 年代，由
渣甸山（Jardine's
Hill）俯視海旁所
見的景觀，可見
當時「東角」一帶
倉棧林立，船隻
絡繹於途。

畫家筆下，
1883 年渣甸花
園（Jardine's
Garden）內的一
頓英式下午茶
聚。

英資怡和與「東角」

香港開埠後，港府把行政中心集中在今日的中環區域，而港島北岸較東位置的不少土地，則批給英商代為開發，於是兩大英商先後進駐灣仔及銅鑼灣：顛地（Dent）在灣仔春園街一帶發展的同時，怡和（Jardine）則把銅鑼灣闢作基地（當時稱為「勿地臣角」Matheson Point，後又易名為「東角」East Point）。

1841年6月，港府劃出了香港島北岸約五十幅土地作公開拍賣。從記錄所見，中標者以二十多家英資洋行為主，其中怡和洋行（Jardine Matheson & Co., Ltd.）花了逾五百英鎊，投得銅鑼灣「東角」的三幅土地（即今日的東角道、怡和街、渣甸坊等地段），東角對出的海面（即今銅鑼灣游艇會一帶）正好是一處優良的避風港口，也是怡和旗下輪船最理想的停泊點。這位「東角」第一代的大地主怡和洋行，究竟是何許背景呢？

怡和的創辦人分別是威廉・渣甸（William Jardine）和占士・馬迪臣（James Matheson），兩人皆曾任職於東印度公司（British East India Company），並在廣州經商，除了轉售英國貨物外，更將印度出產的鴉片運到廣州出售，成為巨富。怡和落戶銅鑼灣後，在這裏興建碼頭、倉庫、辦公樓等，又把總部自廣州遷到香港，其勢力不斷壯大，可說是富甲一方。

怡和取得「東角」後，在今日百德新街一帶積極經營，興建一批磚石結構的貨倉、堆棧和辦事處，並建造了一處深水碼頭，供旗下船隻裝卸貨物之用。除經營船隊外，還組織自己的馬車隊，往來銅鑼灣及中環

十九世紀初，英商渣甸落戶後，在港島北岸慢慢發展出一處名為「東角」的倉棧區。圖為畫家筆下，1840 年代的「東角」洋行與倉棧。

二十世紀初的「東角」，倉棧區與跑馬地互為近鄰。

一帶。此外，怡和在銅鑼灣海旁安裝了一尊大炮，作報時之用，這也是
銅鑼灣「怡和午炮」的淵源。怡和更與香港多家洋行合作，建立一支快
艇隊，往返粵港兩地，運送郵件和旅客。又由於無線電訊尚未出現，為
了盡快取得來自倫敦和印度的信息，怡和在渣甸山的山頂興建一座「渣
甸瞭望台」（Jardine's Lookout），守望來港的怡和快船，以期盡快掌握
市場情報。[2]

　　居住在銅鑼灣逾四十年的歷史博物館前館長丁新豹博士，便這樣細
述怡和與「東角」的淵源：「說起來，百德新街一帶還是香港開埠後最
早開發的地區之一。英人起初稱之為勿地臣角（Matheson Point），後
改稱東角（East Point）。東角何以稱『角』，現在不易明瞭，但只要翻

英商威廉·渣甸（上圖）所創辦的怡和洋行成了銅鑼灣第一代的大地主，把「東角」海旁一帶營建成倉棧區。左圖為1880年代的「東角」。

看一下早年的地圖，便不難解開這個疑團。原來百多年前的東角，形狀有如一條舌頭伸出維多利亞港，它的東、西兩邊均為淺灘，東面是自掃捍埔流出來的一條小溪入海之處，河口形成泥灘；西面是黃泥涌涌水從黃泥涌村（今成和道一帶），經跑馬場流出海之處，也是一片淺灘。1841年6月，香港第一次土地拍賣在澳門舉行，渣甸洋行看中了這個伸出海港的小半島吃水較深，可以泊船、裝卸貨物，前方還有一個小島（即奇力島），可資防衛，⋯⋯。渣甸洋行乃把東角購為己用，並大興土木，興建碼頭、倉庫、辦公樓，此後百多年，東角的發展與渣甸洋行息息相關」。[3]

銅鑼灣臨海地段船艇絡繹，無數浮家泛宅匯聚於此。圖為1920年代高士威道路旁
集聚的漁家老嫗和小孩。

　　怡和在「東角」不單興築起洋行和倉庫，怡和大班亦在「東角」臨
海的山上修建起自己的私人別墅，正因如此，這座小山亦被命名為「渣
甸山」。而銅鑼灣也出現了「渣甸大屋」這個新地標。[4]

「渣甸巴剎」

在怡和洋行經營下，「東角」日漸繁榮起來。歲月留痕，今日所見，以下連串銅鑼灣街道的名字，便與英商怡和扯上了關係，如怡和街（Yee Wo Street）、渣甸坊（Jardine's Crescent）、渣甸街（Jardine's Bazaar）、勿地臣街（Matheson Street）、波斯富街（Percival Street）、伊榮街（Irving Street）、景隆街（Cannon Street）、百德新街（Paterson Street）、糖街（Sugar Street）、東角道（East Point Road）等，皆是歷史的活見證。[5]

除了以上各街道外，在今渣甸山後，開埠不久便出現了一個各路商販聚集的「渣甸巴剎」（Jardine's Bazaar），發展下去，凝聚成一處被鄰近坊眾通稱為「燈籠洲街市」的繁榮地。原來，銅鑼灣臨海地段有一個名為「燈籠洲」的小島，其洋名為奇力島（Kellet Island）。相傳因這島臨近海濱，貌如一處小圓洲，這一帶村民和船家都習慣稱之為「燈籠洲」，而對岸的銅鑼灣臨海地段，隨着英資落戶，也變得熱鬧起來，買

畫家筆下 1843 年的「燈籠洲」（英人稱之為「奇力島」Kellet Island）。

1910 年代的銅鑼灣避風塘。

1984 年的銅鑼灣避風塘遊艇會。

買賣賣，繁盛非常，成了華人商販、苦力、判頭的聚腳處。[6]

「渣甸巴剎」一帶商販雲集，英資怡和洋行也在毗鄰地段興建一家
糖廠（時人稱為「渣甸糖房」）。若要說這家糖廠的故事，我們或可由
它的前身說起。事緣在 1866 年，港府在今日銅鑼灣的糖街地段開設了
一家造幣廠，但到 1868 年，造幣廠卻因為連年虧損而停辦，怡和洋行
購入該廠，後來將之改建成糖廠，主要生產白糖，這也是今日「糖街」
名稱的由來。至於造幣的機器則被轉售到日本，解決了日本人開設大阪
造幣廠時需要機器的問題，並間接加速了日本的幣制改革。[7]

興建糖廠可說是當時東西商脈接軌後，市場潮流之所趨。傳統歐洲
社會，食糖（如蜜糖等）歷來是一種貴價商品，窮苦的勞工階層在平常
日子不易分一杯羹，故在「甜、酸、苦、辣、鹹」五味之中，品嚐甜味
便一度成為歐洲富戶的專利。但隨着歐洲各國殖民活動不斷擴張，以甘
蔗這種亞熱帶植物提煉蔗糖的技術，漸漸在各殖民地廣泛應用。隨食糖
大量生產，其價格也變得便宜，餐宴的用糖量亦大大增加。歐洲人除了
以牛奶混入紅茶外，也普遍在奶茶內加入食糖，加上歐洲人從美洲大量
引入可可豆，新的食物品種遂層出不窮，例如歐洲商人以可可加入食
糖、混入牛奶，便大量製造出史上最受歡迎食品之一的巧克力
（Chocolate）。時移世易，甜味漸漸變成一種全球共嗜的味道，食糖亦
成為英國一般大眾的廉價卡路里來源。[8]

隨着英資公司落戶，「渣甸糖房」、「渣甸巴剎」先後誕生，銅鑼
灣便變得熱鬧和複雜起來。[9] 1919年6月的報章便記下了在「渣甸巴剎」
發生的一宗大型打鬥，側寫了英資登陸「東角」後，吸引了大批華工聚
集此地的情況：

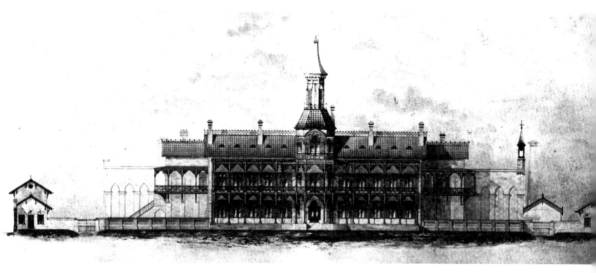

1860 年代的香港造幣廠,該廠停辦後被改建成糖廠。

　　昨日,「渣甸巴剎」出現了一場牽涉逾百名中華糖廠(The China Sugar Refinery)工人的族姓大械鬥(clan fight),梁姓和程姓兩陣營各據兩屋天台,紛紛利用石頭、棍子和其他武器互相打鬥,警方不知事發源由,及時趕到,監察情況。⋯⋯印裔和華人警員驅散了部分人羣,但餘下在現場者仍持續以槌子、棒子打鬥,警員鳴放了幾發空槍,五十二人被拘捕。[10]

　　據 1927 年的《香港工商日報》報道,燈籠洲的奇士域街、伊榮街與怡和街,已有舊式舖戶七十餘家,頗見熱鬧,原業主為「渣甸糖房」。[11]翌年,《香港華字日報》一則名為〈燈籠洲騙米案之離奇〉的報道,也把此地有趣的營商狀況記錄下來:

　　灣仔燈籠洲依榮街〔伊榮街〕五號德勝隆柴米雜貨店,前日午被人到店用術騙去米兩包,約值七八元。此案頗屬離奇。先

Praya East, Hongkong

隨着英資落戶，銅鑼灣出現了一家糖廠（見圖內的左端）。

Praya East Hongkong and Jardines Sugar Factories

1910 年代的銅鑼灣海旁。

是，前日下午約兩點餘鐘，有男子數人，纏上灣仔二號警署，指
一人為棍〔騙徒〕，騙米一百斤，據一原告男子稱，名鄭中勤，
乃德勝隆雜貨店管數，約卅號日十一點一刻鐘，有一榜人，……
到彼店光顧，謂購米兩包，講價既畢，彼乃開單，着二夥伴一名
李泰一名劉喜香，托米隨同該榜人前往。初榜人稱，送貨到銅鑼
灣電車頭處〔電車站〕，便有艇接應，交貨收銀，及二伴將貨交
下艇後，該艇即有人，連米掉開向海中駛去，不見蹤跡，……約
歷一句鐘，仍不見艇回頭，乃向榜人質問，知係蓄意圖騙，乃將
榜人拘之返店。……〔此人〕名何大好，五十五歲，不認有騙米
之事，謂不過店伴被人騙去，圖賴別人，因彼乃灣泊該處一小艇
家，當時共有四人，……到呼彼將米掉開渣甸糖房對開一火船，
彼實賺得艇資兩毫，後四人中有一人或即騙米者，從鵝頸橋處掉
登岸上而去，故兩店伴將彼揪往，指為騙云云……。[12]

從這宗「騙米案」的報道所見，燈籠洲及毗鄰地段已仿佛成了商
販、苦力、騙子和艇家雲集之地，並依賴苦力和艇家來支撐起燈籠洲、
「銅鑼灣電車頭」(即車站)、渣甸糖房、鵝頸橋等之間的貨物流轉，如
同把多處地標連結在一起。到了1936年，據《香港華字日報》記載，
燈籠洲已有樓宇百餘間、商店數十家，皆為怡和公司之物業，居民約有
一萬。[13] 由於各式人物聚集，此地也成為不法活動的溫床，如在1940
年，這裏便一度成為字花廠的藏身地：

　　本港現有字花廠共數家之多，分佈於上中下環各區，而銅鑼
　　灣大坑方面字花賭風亦甚流行，該區之字花廠每日開字兩場，其
　　規模相當廣大，其機關設於燈籠洲大坑山上之茅屋中，採流動性
　　質，日日遷移，以避警探緝捕，每日開字時在機關內公然舉行，
　　較熟之買家，可到場參加。賭廠之爪牙遍佈大坑銅鑼灣區內，彼

等利用街市小販作帶家，招集一般市販備婦投買，由備婦而傳至各住戶，遂至流害遍及各處。該區內有不少市販以有利可圖，不惜放棄正當營業，代賭廠帶票，有等備婦小販因沉溺賭博以致身敗名裂，甚或鋌而走險，影響社會秩序。[14]

港府一直有意整頓該區的秩序，但要待二次大戰後，整頓計劃才被提上議程，更要到1960年代才進行重建。如1963年報章所記，也見證了這繁盛街市的一鱗半爪：「新燈籠洲街市乃係特別設計，備有劃妥界線之小攤位156個，以供持牌流動小販之用，設在街市22檔，而劃給小販之攤位，則為61個，二樓設有肉枱及雞鴨22檔，而劃給流動小販之小攤位則95個」；但是，「銅鑼灣燈籠洲街市內菜販認為在街市內營業無人光顧，因之紛紛遷到街市外營業；……經過多番洽商後，當局乃將市內90菜檔遷到渣甸坊附近福興里擺檔」。在幾年間，這新街市便鬧出過不少事端。據1969年《大公報》記載：

> 燈籠洲街市最近出現飛仔集團，四出騷擾坊眾，惹事生非。昨午，這些飛仔竟然在該處逞兇，當街毆打該處看更人，把他毆至重傷。……〔事緣〕在銅鑼灣燈籠洲街市一帶出現飛仔集結在該區某士多樓上。三天前，該批飛仔中有人偷竊該處攤檔的瓜菜。此事被小販們知道，通知該街市的看更人。看更人因職責所在，所以曾找該批飛仔的一名「亞哥頭」交涉。飛仔不甘被責，在附近樓宇，用爛瓜菜投擲看更人。看更人曾向該區士多老闆娘提出要她不可縱容飛仔在該街市搞亂。[15]

隨着港府把規劃之手伸進燈籠洲街市一帶，小商販圈中也傳出了連串不滿的聲音，《大公報》便以〈渣甸街哭聲震天〉為題，記下這些小

市民的異議，與此同時，這報道也為燈籠洲街市內的小販羣留下了模糊的輪廓：

渣甸街由京華戲院至燈籠洲街市一帶，共有小販二百餘檔，內中絕大部分為菜販，年納牌費二十元。當局以「行車路線改變」為由，令各販檔遷至背後的渣甸坊擺賣。渣甸坊無肉食公司及柴米油雜店，亦少人行，卻有兩所學校，嶺英中學及崇蘭中學夾在其中。小販們皆認為不適宜賣菜，拒絕遷移。

〔他們當中，包括了〕女小販紀玉葉，今年三十六歲，是個新寡婦人，其夫死於肺結核症，遺下六個子女給她養育，最小的兩歲。這一家七口人住在渣甸街一條小巷的簡陋木屋中，早晨喝粥，晚上吃飯，勉強過日子。紀玉葉的菜檔，每天僅賺取四、五元。

婦人廖桂，有四子女，一家住春輝台木屋。她說，丈夫本和她一起賣菜，數月前一病至今，不能開工，這一家的擔子，就由她挑起，每天收入亦不過四、五元。……另一小販劉勝華，有一妻六子女，住糖街三號天台木屋，……他說他由幾歲起，就和家人在這一帶做小販，至今約三十年。多年經驗，知道渣甸坊決不能做生意，除非那邊的學校變成肉食公司及油糧雜貨店。……他說，去年 3 月間，燈籠洲街市落成時，他奉命搬至街市二樓設檔，不足半月，便將十多年積蓄蝕光。不得已，再冒被拘的危險，出渣甸街擺賣，不覺又度過數月。[16]

自英資落戶百多年間，渣甸街及毗鄰地段不斷在蛻變，留下一幅又一幅個性獨特、悲喜交雜的市塵景像。在今日銅鑼灣縱橫交錯、星羅棋

1950 年代銅鑼灣的市廛景貌。

佈的大街小巷上，我們大概只可從怡和街、渣甸街、渣甸坊、渣甸山等
名字，覓得少許英資遺留下來的痕跡。怡東酒店雖然仍為怡和旗下物
業，但怡和在百德新街一帶的土地，自 1950 年代已先後大幅出售，發
展成商住大廈（詳見本書第四章）。[17] 至今尚存而又較深刻的怡和留
痕，可能便是銅鑼灣避風塘「燒午炮」和「子夜禮炮」的傳統。在這個
角度上，怡和在銅鑼灣的故事，可說是餘音未了。[18]

歲月留痕，英資
怡和在銅鑼灣留
下了「燒午炮」和
「子夜禮炮」的傳
統。

香江回歸前銅鑼灣燒午炮的盛況（攝於 1997 年）。

港府的經營：寶靈城與跑馬地

　　開埠之初，由於缺乏合適場地，英商只好讓跑馬活動移師到澳門舉行。據現存記錄，香港首次賽馬活動約在 1845 年於薄扶林地段內進行。早在落戶香江之初，不少英國僑民便已盤算着如何在這東方殖民地上興建賽馬場地，把賽馬活動引進香江，但環顧港島，當時若要尋覓一處幅員較大、可供賽馬的平地，便得著眼在雜草叢生、蚊蟲為患的黃泥涌沼澤地。雖然香港第二任總督戴維斯（John Davis）十分支持興建跑馬地這項建議，但為了避免英國本土保守官僚圈子加以阻撓，在呈給倫敦的書信中，他便藉詞改善衛生環境，要求對黃泥涌一帶沼澤地區進行疏通和清理。

　　戴維斯以改善衛生為由興建跑馬地，也可算是配合了當時醫療技術的發展步伐。原來，隨着歐洲各國殖民活動的拓張，英國醫學界逐漸形成一門名為「亞熱帶疾病」（Tropical diseases）的專業，「香港熱症」之謎也逐步被解開：所謂「香港熱症」，其實就是瘧疾病（Malaria）。"Malaria" 一字原為意大利文，意思可被翻譯為英語 "bad air"。自古以來，人們都認為瘧疾病的病因神秘不明，十分可怕，到十九世紀後期，隨着歐洲殖民活動擴張，瘧疾病的面紗才慢慢被揭開。英國醫學界更在印度解開了瘧疾病的傳播之謎，原來瘧疾的傳播媒介是瘧蚊，根治疾病傳播之法在於控制蚊子滋生的積水。[19]

　　早在 1845 年前，港府已收回黃泥涌的大幅農田，將之開闢作賽馬場地。此後，土地平整工作還不斷在開展，令跑馬場的規模慢慢擴張。這裏原是一個山谷低窪處，兩旁分別為摩理臣山和鵝頭山（即今利園山），前臨維港。從舊照片所見，早期的跑道只是沿着今日的黃泥涌道

隨殖民活動擴張，歐洲醫學界出現了一門「亞熱帶疾病」（Tropical Diseases）的新專業。
圖中的英國醫生羅斯（Dr. Ronald Ross）便在印度進行研究，最終發現瘧疾病由蚊隻傳播，
相片前端的紗網用於捕捉蚊隻，以追尋病菌傳播的途徑。

二十世紀初的黃泥涌村和跑馬地。這裏一度是墳場、馬場和村落的混合地。

繞作一圈而已，跑道圈內仍是農田處處。當時的黃泥涌可說是一處墳場、馬場、村落的混合地。

　　1846年跑馬場落成後，舉行了一場賽馬盛會，賽馬活動也吸引了大批華人商販。一位觀賽的洋人稱，每逢賽馬日，從山坡往下望，跑馬地的太陽傘多如天上繁星，仿若花花綠綠的蘑菇羣，蔚為奇觀。在這時期，跑道周圍的建築物多為臨時搭建，馬季結束後便立即拆卸。每逢賽馬日，馬場中央都會舉行遊藝會，有樂隊演奏、藝人賣藝，熟食攤檔雲集，十分熱鬧。不少華洋觀眾紛紛佔據「大石鼓」這有利位置，觀看羣駒在終點衝刺前緊張刺激的一刻。從相片所見，盛裝打扮赴馬場觀賽的風氣，也漸漸移植至華商圈子裏。[20]

　　在1854、1855年間，黃泥涌再度開展填窪工程。當時正是香港第四任總督寶靈（John Bowring）上任之初，他甫抵港便建議在中區進行填海工程，惹來洋商極力反對，因為若實行填海計劃，這些洋行在中區海旁的碼頭便要報廢。寶靈遂把計劃搬到銅鑼灣這邊進行。當時黃泥涌村中，仍有澗水沿山流下，經跑馬地及山谷低地流入大海，由於這水流既長且窄，遂被時人稱為「鵝澗」。每逢雨季，鵝澗的水量增加，加上從摩理臣山、鵝頭山流下來的雨水，令黃泥涌一帶時常遍地泥濘，容易滋生蚊蟲。寶靈的填窪工程既可增加實用土地面積，又能解決蚊蠅之患，遂得以順利進行。於是鵝澗便被拓闊，堤邊也被填高，形成一條運河，時人索性稱它為「寶靈運河」（Bowrington Canal），填高了的土地則被稱為「寶靈城」（位置約在今日堅拿道東和堅拿道西一帶）。[21] 在河澗之上還加建了一條木板橋，即時人所謂「鵝頸橋」，並在河堤兩岸遍植榕樹，河澗內繁殖魚羣，吸引不少遊人前來垂釣。當時的「香港八景」之一便有這處「鵝澗榕蔭」。[22] 在種種滄桑變化中，跑馬地也漸漸

港督寶靈任內大興土木，
圖為寶靈城及毗鄰景貌。

賽馬會博物館展示板
上，留下了十九世紀末
的相片，展現了華人觀
賽者擠在「大石鼓」上
觀看羣駒衝刺的情況。

成了銅鑼灣地區一處鮮明地標。

在跑馬場上，競賽的馬匹早期大多由軍營中的軍馬出陣，後來一度是中國馬匹的天下。這些馬匹中，不少更是來自上海跑馬廳的彩馬，後來也有專程從冀北和關外選購回來的馬匹。據時人憶述，這些中國小馬抵港時，大多是蓬頭垢面，既未經剪毛，腳上也未打上蹄鐵，連認購的馬主也認不出牠們。繼後，才有澳洲、阿拉伯、日本運來的馬匹加入競逐，加上中國馬匹，一時間成了馬場的四大馬種。

隨着賽馬活動大盛，馬圈中也出現馬房之間的激烈競爭，其中，渣甸和顛地（Dent）兩大商人家族，分別成立了「格子」（Tartar）和「紅衣」（Scarlet）兩大馬房，鬥得勝負難分。為擊敗對手，兩商人家族不時從海外秘密輸入良駒，加強旗下出賽馬匹的實力。後來，商人大衛·沙宣（David Sassoon）也加入這場混戰，成為財雄勢大的馬房班主。為了稱霸馬壇，他不惜大灑金錢，收購敵陣的冠軍良駒。一時間，馬圈熱鬧非常。

賽馬活動日漸繁盛之時，跑馬地草場上卻出現了香江賽馬史上一宗駭人聽聞的悲劇。在 1918 年 2 月 26 日打吡大賽當日，天清氣朗，風和日麗，馬場內人頭擠擁，突然間，馬棚的中間位置傳出一聲巨響後，站滿觀賽人羣的馬棚在瞬雷間頹然塌下，不少人被埋在層層竹桿和木條之下。更不幸者，是當時棚架之下聚集了不少熟食攤子，火爐翻倒後，整座馬棚陷入熊熊烈火之中。據災後的檢算，因這場馬棚大火葬身火海的受害者便有 680 多人，劫後的馬場慘不忍睹。[23]

229 Hongkong Race Course Fire at the Grand Stand on 26th, February, 1918.

1918 年 2 月 26 日打吡大賽日，馬場大火的可怖景象。

電車的引入

隨着英商落戶，加上跑馬地聲名鵲起，往返銅鑼灣的人流不斷增加，電車的出現正好滿足了市場的需要，而電車的引入，可以説是香港交通史上的里程牌。

香港開埠後，港島北岸迅速發展起來，當時交通工具仍是以馬車、人力車和轎子為主。為了將港島北岸各要點連貫起來，早自 1881 年港府已建議修建六段電車路線，其中五段即為今日的電車系統，餘下一段則是山頂纜車。由於當時不少英商居住在山頂區，利之所趨，各大財團多熱衷於投資山頂纜車一段，其餘五段車路則乏人問津。1902 年，港府頒佈《香港電車條例》，鼓勵財團營運港島的電車系統，香港電車有限公司同年在倫敦成立，路軌鋪設工程也在港島北岸逐步展開。初期鋪設由堅尼地城至銅鑼灣的一段車軌，之後延長至筲箕灣。到 1904 年，電車以組件形式由英國運抵香港進行裝嵌，首批電車多為單層設計。同年，電車系統正式投入服務，首輛電車正是由銅鑼灣的電車站開出，駛往金鐘軍器廠街。跑馬地一段車路也隨後通車。電車開到跑馬地之後，該區地價也開始躍升。

步進 1910 年，電車的行走路線已繞過跑馬地，經天樂里進入灣仔一帶，然後再轉往中環或東行至北角。電車公司還在鵝澗上興建一條三合土橋樑，並鋪上路軌，以便電車往還。[24] 約 1922 年，香港電車有限公司改組後把總部由英國遷至香港，其主要股東正是銅鑼灣的大地主——怡和洋行。自 1920 年代中，銅鑼灣利舞臺戲院落成後，每晚均會有一輛「午夜專車」，從戲院毗鄰開往石塘咀一帶（當時的著名紅燈區），而石塘咀和堅尼地城也成了電車在港島西端的站頭。至此，港島

北岸各心臟地區已被電車路軌連結起來。

1945年，第二次世界大戰結束，戰前逾百輛電車中，只有約十五輛能夠重投服務，1946年夏秋之交，電車服務才全面回復正常。約自1951年，位於銅鑼灣的電車廠展開擴建工程，歷時約三年多。這個位處羅素街、霎東街之交的電車廠廠址，在1990年代才把它的地利顯現出來：在這塊土地上，一幢名為「時代廣場」的羣樓崛起，成為新地標，同時也標示了銅鑼灣進入大商場主導的消費時代（詳見本書第五章）。

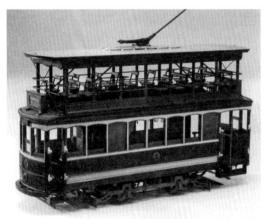 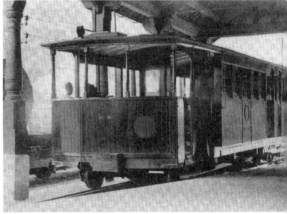

電車和纜車引入後，港島北岸各區便被連貫起來，圖為早期的電車模型和纜車的相片。

跑馬活動的制度化

在跑馬地誕生之初，參賽的騎師以洋人為主，當中不少更是英軍。早年的大型賽馬活動大多是每年舉辦一次，稱為「周年大賽馬」，比賽項目中，不少是跳欄等馬術項目，還未設有投注和賭博機制，更談不上設有彩池。組織方面，則由嗜好馬術的業餘人士作骨幹，在大賽前一兩個月組成一個「賽馬委員會」，在賽馬日到臨前在報章刊登廣告，廣邀各界光臨，參觀賽事。待大賽結束後，賽馬委員會亦會解散。[25]

進入 1880 年代，銅鑼灣的跑馬活動已發展得更成熟。1884 年，一羣駐港外商在香港成立了一個永久性的「香港賽馬會」，首屆董事局中包羅了遮打、昃臣、沙宣等多位為人熟知的商界領袖。在這階段，華人要參與這類賽馬活動還是不容易，跑馬活動仍多屬洋人玩意。自 1891年，賽馬會先後引入彩池、投注和賭博等機制，而由於當時賽馬會的收入仍不穩定，要設立彩池機制便只好「招商承辦」，但不少承辦彩池的商人卻一直虧本，馬會也在 1930 年代把彩池經營權收回自辦，並設立「辦房制度」，負責售票和派彩工作。隨着跑馬活動日漸制度化，加上其賭博成分愈來愈多，賽事次數也不斷增加。[26]

香港賽馬會成立之初，華人馬主若要申請成為會員，多要面對重重限制。約在 1920 年代中，華商何甘棠（富商何東之弟）試圖另起爐灶，發起成立「華人賽馬會」，計劃向港府申請在新界上水或香港仔設立馬場，希望與廣州新設的馬場遙相呼應，抗衡活躍於銅鑼灣的香港賽馬會。由於華商在香港的地位不斷提升，尤其是在 1925 年省港大罷工爆發後，香港百業停頓，華人領袖（如羅文錦等）曾協助調停糾紛，賽馬會也開始改變舊習，除容許華人出任馬主外，又批准更多華籍騎師參與

賽事。首批出任馬主的華商便包括了何甘棠、陳殿臣、何世光、何世亮等。這批華人馬主當中，較著名者便要推余仁生中藥店的創辦人余東旋。他自1930年代初成為馬會會員及馬主後，旗下馬匹皆以「玫瑰」這個主題來命名，整個玫瑰系列的出賽馬匹一度多達三十餘匹，成了圈中佳話。

隨着賽馬、養馬活動繁盛，賭馬博彩的風氣也慢慢普及，並滲進華人圈子中。新式博彩項目也魚貫登場，如先後引入獨贏、位置和孖寶這三種博彩彩池。當時售票和派彩皆以人手操作，櫃位則懸掛了「溫拿」（Winner）、「皮里士」（Place）等中文譯名供華人識別。約1930年代初，跑馬地馬場建成永久看台後，馬場內的設施也不斷擴建，而賽馬會亦漸漸成為一個具影響力的機構。[27]

1941年，日軍佔領香港，成立「香港佔領地總督部」。為了點綴昇平，日軍在香港恢復了一些娛樂事業，在繼續賽馬活動的同時，還將跑馬地易名為「青葉峽」，把香港賽馬會更名為「香港競馬會」，連賽馬的路程亦由英制改為公制，至於馬名、騎師、場次則採用中文。另外，還邀請馬會第一代華人會員何甘棠擔任主席，藉以粉飾太平。[28]

戰後，中國馬匹漸被淘汰，馬場裏一度由澳洲馬稱雄。隨着博彩成分的增加，賽馬活動也變得更本土化，參與博彩的馬迷人數（尤其是華人）增長更見迅速。沙田馬場在1978年啟用後，賽馬活動可說跳出了跑馬地的版圖，衝出了銅鑼灣區。

1930 年代的跑馬地。

華人大馬主李蘭生在馬場上「拉頭馬」的留影。李氏為創辦東亞銀行的李子方家族
的一員，也是戰前香江最顯赫的華人馬主之一。

剪影一 第一代華人大馬主余東旋的故事

1930年代，華商余東旋成為香江著名的大馬主，旗下飼養的參賽馬匹一度多達三十餘匹，皆以「玫瑰」為主題命名。[29] 余氏長袖善舞、富甲一方，他在香港興建的三座仿歐陸式古堡及別墅，一直為人津津樂道。[30] 這位傳奇商人究竟是如何開拓致富之路呢？

◇ 風水師余鶴松

余東旋的傳奇，可由其祖父余鶴松的故事說起。余氏祖籍江西，到了第十六傳的余鶴松（1822－1886），已家道中落，人丁凋零。叔父過世後，年少的余鶴松為了生計，當起富戶的侍從，跟隨江西一對風水師兄弟尋龍勘穴，學習堪輿知識。余鶴松學成後，也闖出了名聲。江西一省山多地貧，尋龍勘穴之風甚盛，風水名師（時人稱「江西地師」）輩出，當時廣東富戶頗流行延聘江西風水師南下尋找吉穴。據余鶴松留下的自傳稱，他應一廣東富商之聘南下，並在今佛山及南海交界一處名為潯峰的地方，覓得一片「牛眠地」，號為「風吹羅帶」，穴前「有河水呈帶狀，山巒呈葫蘆狀」，貌似羅帶迎風吹起，喻意子孫可憑醫藥、占卜事業致富。又據余氏家譜文獻稱，余鶴松帶領這名粵商考察吉穴時，富商亦聘請了一名廣東風水師隨行。當時粵商雖甚尊重「江西地師」，但廣東風水師與這些南下的「江西地師」卻往往意見相左，對「風吹羅帶」是否為吉穴也是如此。廣東富商為策安全，最後把穴地轉贈余鶴松。余氏回江西後，把祖父余有鳳的骸骨遷到這「風吹羅帶」地段，並舉家移居佛山。[31] 為引證此遷葬之說，筆者曾往佛山潯峰一行，在茂林裏發現一座荒棄多年的余氏祖墳，據墳上碑刻所見，余鶴松的確在1861年將祖父余有鳳之骸骨由江西遷至潯峰。余氏更在碑文中指出潯峯

興建歐式堡壘的余東旋。

是一片「巽己雙向」的「風吹羅帶」吉穴，為這個風水師遷葬祖先的傳說添了一點歷史註腳，反映了余氏第十六代對家族歷史所抱持的特殊理解。[32]

◇ 經營「餉碼」的余廣培

余鶴松是一名人脈廣博的堪輿師，正好協助兒子獲得同鄉幫助，在1876年遠赴檳城發展。余鶴松的長子余廣培（1853－1891）生於江西，年僅二十三歲便與妻子及胞弟前往馬來亞的檳城謀生，再遷入英人剛開發的馬來半島上的霹靂邦（Perak），當時的霹靂邦正是馬來亞和緬甸的緩衝區，蘊藏豐富的錫礦（供應英國當時新興的罐頭製造業），為兵家和商旅要地。通過余廣培的家書，我們可以了解他的事業起落。1870年代，馬來半島上的無政府狀態吸引了緬甸和法國勢力滲入，英國恐怕旗下的馬來亞「錫米」供應受影響，遂決定在馬來半島擴張勢力。霹靂邦擴張之初，為鼓勵華人深入不毛之地代為開荒，英人遂在霹靂邦推行「餉碼」（tax farming）投標這一石二鳥制度，把賭餉、酒餉、煙餉和豬肉稅包收權招標競投，中標者同時享有在稅田上開採錫礦的專利。

「仁生」號創辦人余廣培。

英人來到東南亞後，發現華人移民具備人脈、資金和開採知識，正好充當懇荒拓土的中介人。1882年，余廣培與友人集資，成功從英殖民地政府手中投得在霹靂邦務邊（Gopeng）一地的稅田。除經營餉碼和錫礦外，余廣培亦在稅田上成立仁生雜貨店，入口中藥及中式貨品。旗下華工人數愈多，他所收取的稅餉也愈多，連帶仁生雜貨店的收入也愈可觀。在1884年的一封家書中，余廣培自稱在檳城組識當地首次的「人緣醮，壹壇三日四宵」，把華人盂蘭節的傳統移植到馬來亞之餘，還確立起余氏在檳城華人社區中的領導地位，[33]「風吹羅帶」的傳說也由此廣為傳播，成為華南風水師圈子中一則流行的研習個案。

◇ 興建歐式古堡

余廣培的獨子 1877年生於檳城，據其家書稱，余廣培祈願兒子不忘故里，特意為兒子取名為「東旋」。1881年，余廣培攜妻兒回佛山，余東旋當時僅四歲，自此便留在佛山與祖父余鶴松一起生活。1893年，余東旋在父親去世逾年後重回檳城，此時，餉碼制度已隨英殖民開發在馬來亞漸趨穩固而廢止。失去餉碼經營權後，余氏錫礦業難以獨撐局面，遂轉向中藥及匯兌業務。[34] 余氏日常生活雖然十分西化，但為標示家族生意世代承傳的信念，遂將其父親所創立的「仁生」店改名為「余仁生」，賦予商號濃烈的家族色彩。

隨匯兌業務擴展，余仁生相繼在檳城、怡保（Ipoh）、吉隆（Kuala Lumpur）、新加坡增設分店。從現藏香港大學的余仁生賬簿所見，其匯兌模式主要是以香港為中轉站，把來自新加坡、檳城、吉隆、怡保分店的匯款轉至中國廣東各地，單在1934年，經香港余仁生處理的匯款數目便高達二千五百多萬港元。[35] 在匯兌基礎上，余東旋於1920年與吳勝鵬等粵僑在新加坡合辦利華銀行（Lee Wah Bank），註冊資本為一千萬新元，為當時新加坡唯一的「廣府幫」銀行。[36] 余仁生通過僑匯不單賺取佣金，並利用時差，積存待匯款項，賺取新馬、香港和廣州地區匯率的差價。匯兌生意所得，正好為余氏新開拓的地產業鋪路。

自1928年遷來香港後，余東旋先後在般咸道、淺水灣和大埔興建三座歐式大宅作居所，其中，般咸道和淺水灣的堡壘型大宅便是仿效哥德式的建築風格，內裏採用中古盔甲、武器及藝術品作裝飾物，但在建築方位、房間佈局方面，又包含了中國堪輿學的概念。據余氏後人余義明稱，余東旋此舉是順應祖父和風水師的意見，通過不停興建物業來為自己延年增壽。此說真偽難考，但傳說的誕生卻很配合余氏祖先的歷史背景，亦反映了余東

旋在這時期轉投地產業的方向。余氏抵港後即在上環、中環、跑馬地、灣仔及旺角購入大量物業，隨香港經濟起飛，這些物業也價值不菲，「買地興家」的風水預言可説是在這種特殊的環境下得以實現。[37]

1941年，日軍戰火迫近，余東旋中輟了其興建大型物業的計劃，同年5月11日，余氏因心臟病發逝世，享年六十三歲。余氏旗下的匯兌業務也步入低潮，在日本佔領香港後更幾陷停頓。戰後，東南亞各國紛紛實施外匯管制，令匯兌業雪上加霜，余氏的主要業務一度只剩下中藥業一環，余仁生也正式交由第四代領導。余東旋共有十三個兒子、十一個女兒及一位養女，他們多在英美接受教育，以英語作母語，而「風吹羅帶」的傳説亦自這輩始，漸漸在余氏後人圈子中失傳。

◇ 創辦「無綫電視」

余東旋去世後，在香江維持家業的一度是活躍於社交圈的余經緯。[38] 他在1950年代由美國學成歸來，在中環設立投資公司，銷售旗下的「愈富基金」，在政商兩界廣結人脈，亦是戰後把基金投資概念帶到香港的第一代華商。他對攝影和電影也有濃厚興趣，與電影界人士來往密切，如經營電影業的的陸運濤（新馬富商陸佑之子）夫婦來港期間，余經緯便招待他們入住余氏淺水灣的余園別墅，而多部陸氏旗下出品的影片（如林黛主演的《情場如戰場》）也是在余園別墅內取景拍攝的。

在1960年代，余經緯與利希慎家族的利孝和、邵氏家族的邵逸夫等在香港成立電視廣播有限公司（俗稱「無綫電視」），董事兼總經理余經緯除了佔兩成股份外，還兼任華星娛樂公司董事局副主席。隨電視機在1960年代日漸普及，電視娛樂走進家家戶戶，無綫電視不受地線牽制，提供免費服務，啟播後不久，便結束了麗的電視的黃金時代。「麗的」雖然較早啟

戰前香港的華人大馬主余東旋，除了飼養多匹以「玫瑰」作主題來命名的馬匹外，也在香港築建三座歐式的豪華住所。圖為位於般咸道的仿堡壘式住所「余堡」（Euston）。

（曾永光先生攝）

百年老號余仁生的總部至今仍位處新加坡的牛車水。

1980 年代位於上環的香港余仁生總店。

淺水灣余堡內的一扇木門，門頂配有玻璃彩飾。

余仁生總店內的歐式騎士盔甲擺設，原放置於般咸道余堡內。

Andrew Eu dies

Mr Andrew K. W. Eu, a leading Hongkong television executive and prominent figure in community welfare work, died last night at the age of 46.

Mr Eu was admitted to the Hongkong Sanatorium and Hospital in Happy Valley when he suddenly became ill in late October.

His health showed signs of improvement last week and his death at 10.15 pm yesterday came as a shock to those who knew him.

Funeral arrangements will be announced later.

Mr Eu was a director of HK-TVB in 1967 when the station started and became Managing Director in February 1969 after Mr Colin Bednall resigned.

Mr Eu was born in Hongkong and graduated with a Bachelor of Chemical Engineering degree from Rensselaer Polytechnic Institute in Troy, New York, and a Master of Science degree from Columbia University.

Active in community work, he was the Second Vice President and Chairman of the Community Chest Campaign Committee.

He was also a director of Lane Crawford Ltd, Walton Brown Ltd, Interior Design (LC) Ltd, City Hotels Ltd, The Mandarin Hotel, and Managing Director of Pearl Investment and Finance Ltd.

Mr Andrew Eu's father, Mr Eu Tong-sen, made his fortune in Malayan tin mines and rubber and came to Hongkong in the 1920s and built a series of castle-like residences which are now among the Colony's landmarks.

Mr Eu is survived by his wife Sandra, three sons and a daughter.

Mr Andrew Eu

余經緯英年早逝改變了香港電視業的發展路向,圖為余氏去世的報導。

播,但「無線」的物業資產、人脈網絡卻更勝一籌。[39] 余氏深明傳媒宣傳的效力,遂利用傳媒大力宣傳自己的產品;令余仁生旗下的白鳳丸和保嬰丹銷量大增,在1970年代末,市場佔有率更一度高達七成。

◇「循環再造」舊品牌

1976年,余經緯突然染病去世,余仁生的經營手法也轉趨低調。在第五代的余義明接手之後,余仁生的品牌才出現了「循環再造」的概念。余義明於1971年在英國倫敦大學法律系畢業,曾任職商人銀行,1989年加入余仁生。他在任職商人銀行期間,曾參與傳統商號的上市工作,深知在中藥市場缺乏制度監管的情況下,歷史悠久的字號品牌正是一項可貴的市場資產,遂有統一祖業的計劃。在先後買回新加坡、香港祖業,解決了余仁生長期分裂的局面後,他便實行改革,利用自己在商人銀行工作的經驗,重整余仁生的業務架構,增設分店和分銷專櫃,開拓分銷渠道。他又深知樹立品牌在開發中藥市場上的重要性,因此在產品包裝上,推介全新的商標及企業形象,漸漸把余仁生這舊品牌循環再造。[40]

余仁生的故事,除見證了余氏五代的興衰外,也反映了一個流徙的商人家族過去百多年的滄桑變化:第一代的江西地師余鶴松,第二代在馬來亞承辦「餉碼」的余廣培,第三代在香港經營匯兌的余東旋,第四代創辦電視廣播業的余經緯,第五代把余仁生「循環再造」的余義明,都呈現出一個華人家族如何在不同歷史場景裏覓尋自己的位置,遊走於東西華洋的空隙中,長袖善舞。至於余東旋先後飼養逾三十匹參賽競馬,一度成為香江大馬主,也只是這故事的冰山一角而已。

小結：「馬照跑」

　　英人落戶後，究竟為銅鑼灣帶來甚麼新景貌呢？隨英商怡和落戶東角，該區的洋行及倉棧區漸漸形成，而港府為了平整澤地，消滅蚊患、便利跑馬活動而開展的移山填窪工程，也為銅鑼灣地區注入了一項「跑馬勝地」的特色。這特色在時人心目中有多深刻呢？自電車引入港島後不久，黃泥涌路段的車站便直截以「跑馬地」作站名，而「跑馬地」所發揮的地標功能也一直保留下來。1980年代，「馬照跑」更成為中英兩國就香港前途談判時，標示回歸後「港式」生活照舊不變的特殊指標。由此看來，「馬照跑」的意義，可說已跨越了跑馬地的地理概念，標誌着一個特殊的歷史時空。

註 釋

1. 這則傳言見Tregear, Thomas R. and Leonard Barry, *The Development of Hong Kong and Kowloon as told in maps* (Hong Kong: Hong Kong University Press, Macmillan and Co., Ltd., 1959), p.4-8。
2. 陳文：〈怡和及黃埔發跡地——銅鑼灣〉，《經濟一週》，總711期（1995年6月11日），頁44。
3. 整理自作者訪丁新豹博士稿，2002年9月20日。
4. 丁新豹、黃迺錕：《四環九約》（香港：香港歷史博物館，1994），頁84-95。
5. 同註4。
6. 同註3。
7. 葉靈鳳：《香港掌故》（廣州：花城出版社，1999），頁407。
8. Mintz, W. Sidney, *Sweetness and Power: the Place of Sugar in Modern History* (New York: Viking, 1985).
9. 同註3。
10. 翻譯自 "Fracas in Jardine's Bazaar", *The China Mail*, June 12, 1919。
11. 〈燈籠洲舖屋又將增租〉，《香港工商日報》，1927年3月22日；文中稱：「灣仔燈籠洲奇士域街、衣榮街與怡和街，原有舊式舖戶七十餘間，為同利公司之物業，此項舖戶之租值，該公司未與渣甸糖房購買時，每層僅納月租十四元以至十六元之間，既購入後，新業主因被屋租則例所束縛，只能增加一成五月租，致收入屋租數量，不能抵償原值舖底之利息，該同利公司……亟擬將所有舖戶，重新改建四層洋樓，……各住客輩，曾派出代表數名，謁見業主，每戶自願暗中補償租值五六元，藉免遷徙，雙方調停妥當，遂作為罷論。及至去歲冬間，該公司曾將此項物業按出二十八萬元，日間行將到期，今為償還利息計，遂擬再向各住客，增加租值若干成，以資彌補。」
12. 〈燈籠洲騙米案之離奇〉，《香港華字日報》，1928年8月1日。

13 〈燈籠洲百餘間舊樓須拆卸〉，《香港華字日報》，1936年9月9日，其文云：「燈籠洲全部樓宇百餘間，皆渣甸公司物業，現港府以樓宇太舊，居民須要搬遷，以免危險，遂令該公司限全部住客商店，於本月內搬遷。此事雖為居民安全設想，但燈籠洲共有商店數十家，居民約一萬，若限其在此短期內搬遷，實屬難行，其為住家者，尚不成大問題，但各商店，則誠感困難，蓋經營商業，非隨地適合者，若不能覓得適宜地點，而胡亂搬遷，於生意必大受影響，故聯合燈籠洲商店數十間，入稟華民政務司……。」

14 〈燈籠洲大坑山上茅屋中公然開字花〉，《香港工商日報》，1940年4月27日。

15 〈飛仔近為患燈籠洲〉，《大公報》，1969年9月20日。

16 〈渣甸街哭聲震天〉，《大公報》，1964年6月29日。

17 同註3。

18 參見黃南翔：《香港古今》（香港：奔馬出版社，1992），頁69。

19 Porter, Roy (ed.), *Cambridge Illustrated History of Medicine* (Cambridge and New York: Cambridge University Press, 1996), p. 186-189.

20 Lawrence, Anthony, *The First Hundred Years* (Hong Kong: Royal Hong Kong Jockey Club, 1984).

21 見梁濤：《香港街道命名考源》（香港：市政局，1992），頁95；鄭寶鴻編著：《港島街道百年》（香港：三聯書店，2000），頁40。

22 同註3。

23 同註20。

24 Atkinson, Robert L.P., and Williams, Alan K., *Hongkong Tramways: A History of Hong Kong Tramways Limited, and Predecessor Companies* (Rustington Sussex: Light Railway Transport League, 1970); Barnett, Martin, *Tramlines: The Story of the Hong Kong Tramway System* (Hong Kong: South China Morning Post, 1984).

25 莆人：〈香港馬會雜記〉，載中國人民政治協商會議廣東省委員會、文史資料研究委員會編：《廣東文史資料》，第51輯（廣州：廣東人民出版社，1987），頁206-221。

26 同註20。.

27 同註25。

28 同註20。另見李安求、葉世雄編：《歲月如流話香江》（香港：天地圖書，1989），頁35-47。

29 Wright, Arnold and H. A. Cartwright eds., "Mr. Eu Tong Sen" in *Twentieth Century Impressions of British Malaya: its history, people, commerce, industries and resources* (London: Lloyd's Greater Britain Publishing Company, Ltd., 1908). p.534-539; "Mr. Eu Tong-sen's Death from Heart Failure—Big Property Owner", *South China Morning Post*, 12-5-1941;〈本港著名富商余東旋昨病逝〉，《星島日報》，1941年5月12日。

30 〈余園古堡式建築物，廿年代落成共三幢〉，《華僑晚報》，1985年5月9日；蘇兄：〈鬼屋——余東旋別墅〉，《荃灣星報》，1985年11月7日，頁6；何文翔：〈余東旋家族與古堡〉，載氏著：《香港富豪列傳之二》（香港：明報出版社，1992），頁262-269；"Now it's a save castle campaign", *South China Morning Post*, August 29, 1978; "Eucliff castle up for sale", *South China Morning Post*, October 25, 1984; "King of the Castles", *South China Morning Post*, June 22, 2000.

31 見《余氏家譜》，感謝余義明先生提供這份寶貴資料；另見《余鶴松書信》，藏新加坡國家檔案館。

32 抄錄自《廣州泌縣潯峰余有鳳墓碑》碑刻。

33 《余廣培家書》，藏新加坡國家檔案館。

34 新加坡高等法院余東旋遺囑檔案，Grant No. 726 of 1948。

35 余仁生賑簿（1914－1941），藏香港大學圖書館香港特藏部。

36　新加坡公司註冊處利華銀行檔案記錄 1920-
　　1975，檔案編號：ROC 14/1920－14/1975。

37　《香港余東旋各舖戶來往總簿》，藏香港大學圖
　　書館香港特藏部。

38　香港高等法院余經鑄遺囑檢定書，HKRS 96-1-
　　1959。余經鑄為余經緯的兄長，兩人一度分掌
　　余氏家族在新加坡及香江兩地的家族業務。

39　參見鍾寶賢：《香港影視業百年（修訂版）》（香
　　港：三聯書店，2007），第五及六章。

40　參見Stephanie Po-yin Chung,"Migration and
　　Enterprises - three generations of the Eu Tong
　　Sen family in Southern China and Southeast
　　Asia, 1822-1941," *Modern Asian Studies*, vol.
　　39, part 3 (2005), p. 497-532; 及 Stephanie
　　Po-yin Chung, "Surviving Economic Crises
　　in Southeast Asia and Southern China:
　　The History of Eu Yan Sang Business
　　Conglomerates in Penang, Singapore and
　　Hong Kong," *Modern Asian Studies*, vol. 36,
　　part 3 (2002), p. 579-618. 這剪影所用的部份
　　資料曾於2002年在《信報財經月刊》內發表，
　　感謝該刊容許我把這些資料整理重用。

第三章

華資拓展 遊園故夢

華資拓展
遊園故夢

英人落戶香港島後，先後在銅鑼灣及毗鄰區域內開拓經營，營造起「跑馬勝地」、「鵝澗榕蔭」等有趣地標，其中尤以跑馬地這一地標的個性最為鮮明。但到了1920年代，電車公司卻一度把「跑馬地」這個車站的名字改為「愉園」。這個新站名所指的「愉園」在哪裏？其淵源又如何呢？進入二十世紀，各路華商日漸在香江嶄露頭角，當中，從南洋遷港的胡文虎、從美國回流的利希慎等，先後踏足銅鑼灣，並在毗鄰地區開山闢地，築建起利園、利舞臺、虎豹別墅等多座別具一格的新地標。在各路華商開拓下，銅鑼灣區漸漸加添了一重新個性，化身成為一處遊憩園地，廣招遊人，為銅鑼灣的躍起進一步鋪平道路。

遊樂場熱潮

步進二十世紀初，廣州、上海、新加坡等濱海城市先後開展了連串市政興革，在歐美時尚衝擊下，為城市居民提供休憩娛樂場所漸漸成為一門時興行業，並掀起一股興建園林式遊樂場的潮流。在香港，早在1915年，華商林景洲便在跑馬地養和醫院毗鄰，興建了一座園林式別墅——樟園，園中營造亭台樓閣，廣植樟樹，更撥出部分土地建成樟園遊樂場，開放給公眾遊覽，園內並開設茶亭，提供小點。時人這樣記載樟園的淵源：

> 香港開埠後，居民日漸眾多，娛樂場所乘時崛起，……〔步入二十世紀〕當時有些紳商認為一個現代化都市的香港，人口既那麼多，興辦娛樂事業，是大有可為的，但範圍應不僅限於專演粵劇或專映畫片的戲院，他們計劃建築一所規模宏大的遊樂場，有娛樂成分的遊戲，以便容納眾多的觀眾，各適其適。然而建築

這一所遊樂場，必須有廣大的地段和優美的環境，……正因為地點沒法解決，這個計劃便胎死腹中。

　　在這個時候，……卻有一所小規模的私人遊樂場出現，這就是黃泥涌道的「樟園」。它原是一間私人別墅，依山建築，環境幽雅，規模雖小，但裏面陳設簡潔，佈置得井井有條，植化頗多，復有盆栽藝景，點綴其間，尤覺生色不少。樟園主人頗好客，每屆周末或休假之日，常約友好到樟園遊玩，並舉行雅集、吟詩、猜謎、下棋、酌酒，騷人墨客頗多留戀忘返，有些朋友以此地花木宜人風景佳勝，實為熱鬧市廛中不可多得的園地，乃勸樟園主人將之公開，闢為遊樂場所，公諸市民，一方面既可與眾共樂，一方面又可有所收益，一舉兩得。……於是，他第一步先把園內整頓，添置一些枱椅，擺列在空曠的地方，另在花旁櫥下，安放用人工鑿成的石桌、石凳，並購備酒水、餅食、花生、瓜子等類食物，以應到遊客人的需要，……可以說是開香港遊樂場的先河了。[1]

樟園開放後，吸引大量遊人前往乘涼飲茶，為園主平添了可觀收入。不久後，華商紛紛仿效，開設遊樂場，在樟園附近便出現了一家愉園，除了亭台樓閣、假山小橋，還有出售紅茶咖啡、粥粉麵飯的檔戶，儼然一所園林酒家，名噪一時，連電車公司也一度把「跑馬地」站之名改為「愉園」站。[2] 時人這樣描述愉園的故事：

　　有志於娛樂事業的人眼見得樟園遊人如堵，絡繹於途，見獵心喜，認為這一事業大有可為，乃集資興辦，地點就在樟園左近，即現在養和園靠東那一地段，取名為「愉園」。它的面積比樟園大上幾倍，裏面所植的花卉尤多，一草一木，都經過人工的整飾，故整齊劃一，頗為美觀。此外，復有亭台樓閣、水池石山等雜綴其間，

益增遊趣。園內除兼賣茶水餅餌外，又設有酒家食肆，所售菜式，價目不貴，與外間小酒家價格相等，故客人遊興闌珊，多就此食肆作小食小飲，營業亦頗不惡。每屆炎夏，愉園遊人倍覺擠擁，肩摩踵接，熱鬧非常，電車公司為利便遊客，特闢「愉園」一站，派有電車來往，可見當時遊人之眾，迄今此種掛有「愉園」牌子的電車，仍有行走，但「愉園」已沒有了，使人真有今昔之感。3

愉園和樟園誕生之初，園內僅有花木亭樹、假山真石等供遊人賞玩，正因如此，遊人也有「遊則有餘，樂則不足」之嘆，顯示了市場仍有擴展空間。利之所趨，西環便出現了一家「太白樓」，園內廣佈花卉樹木，也有木馬旋轉機、風槍射擊場、詩謎競猜等遊樂攤位，另又築建池塘，添置舢舨十數艘，供人租用，「每當炎暑天氣，月白風清之夜，戀愛男女，輒喜租用，互操木槳，泛舟池中，情話綿綿，款乃聲聲，別具風趣」。遊樂場內也有食肆，咖啡紅茶、中西餅食、鹵味小菜等可供下酒，吸引了不少遊人。為此，電車公司乃在晚間特別加派車輛行走西環，相形之下，愉園和樟園一度門庭冷落，遊客銳減。有見及此，愉園遂借鑒太白樓的手法，加設了風槍射擊及猜詩謎等遊戲攤位，又在報章上刊登廣告作宣傳。經此改革後，遊客果然去而復返。一時間，分踞港島東西兩端的愉園和太白樓，成為著名休閒勝地，互為伯仲。4

後來，北角七姊妹山丘之地也被闢為遊樂場，取名「名園」。「其地近海，仲夏月夜，海風習習，暑氣全消，尤為遊人所愛蒞臨，每晚遊客之多，駕乎太白樓、愉園之上」，其後更加入機動遊戲、歌壇夜市，電車公司也增闢了名園路線，每晚加派車輛行走。這些遊樂場大多是把中西各式娛樂表演，融合進中國傳統園林裏。未幾，西環太白樓因人事關係停業，跑馬地愉園生意也漸趨冷落，僅存北角名園一家，仍是遊人如鯽，業務鼎盛。5

利希慎家族的經營

　　隨着遊園賞樂成為一時風尚，在 1930 年代，香港一度出現了「四大名園」，分別是銅鑼灣的利園、北角的名園、跑馬地的愉園和西環的太白樓遊樂場。當中利園的創辦人利希慎家族，便恰與銅鑼灣同步躍起。

　　利氏先祖利良奕祖籍廣東四邑（即新會、開平、新寧、恩平）。由於四邑地貧山多，出洋謀生者眾，四邑也因此成為著名僑鄉。利良奕正是這羣飄洋過海華人中的一員，他從香港出發遠赴金山時，已親睹香港的繁榮景象，認定香江是自己日後落戶發展的好地方。後來，他與家人從美國回流，落戶在香港，並於 1897 年創辦了一家「禮昌隆」舖號，從事布匹生意，從上海進口著名的「陰丹士林」藍布，又從天津進口「大成灰」、「囉絲」等染色布匹和絲絹，通過香港，遠銷到南洋一帶；又向天津運銷背心、內褲等多種針織品，並在九龍彌敦道開設了一家「金興」莊作門市發售；後來還兼營鴉片生意，成為城中巨富。利氏過身後，其業務由四個兒子繼承，次子利希慎更成為掌舵人。利希慎生於檀香山，少年時赴香港入讀皇仁書院，畢業後任職船務公司經理，與香港華洋商界稔熟。早年在父親的幫忙下，利希慎已創立了一家南亨船務公司，旗下的貨船隊專營往返香港與東南亞的航線，而他也成為南北行圈中名人，並多次注資「禮昌隆」，購入大量產業。1912 年，他與同鄉馬持隆、馬敘朝等合資二十萬港元，組成裕興公司，向港府投得估價逾一百萬港元的鴉片經營權，這消息成為當時轟動的新聞，而鴉片貿易亦為利希慎帶來巨大財富。[6]

　　早在一次大戰時期，利希慎已在堅尼地道購下大片地皮，興建利家

從英資手上購入大量銅
鑼灣土地的華人大地主
利希慎，圖為他與兒子
利銘澤。

利銘澤在牛津大學唸書
時留影。他在牛津認識
的日裔同學將有助利氏
把日資百貨引入銅鑼
灣。

大屋及利行，並在1923年成立利希慎置業有限公司，[7]稍後又以380多萬港元向英資怡和洽商，購入東角的鵝頭山，這也象徵着利氏踏足銅鑼灣的第一步。有關利希慎的功業，其孫女利德蕙有以下的記述：

怡和洋行在1864年遷移至市中心後，其位於銅鑼灣的樓宇，改供一般職員使用。R. Jardine 爵士於 1905 年去世後，公司改組為私人有限公司。大約在 1923 年間，祖父決定購買銅鑼灣產業時……西環發展已達飽和，將來的發展勢必東移……。在北角沿岸如填海闢地，可由鄰近銅鑼灣山供應建材，……祖父此時將銅鑼灣土地闢為花園及遊樂場營業，即利園山，並將大班留下的巨宅改為酒樓，整年開放，供華人遊樂，業務斐然。……祖父後來買下銅鑼灣山下原為貧民區的土地，將街道拓寬，重建屋宇。1926年一座金碧輝煌而具有當時先進旋轉舞台的中國劇院——利舞臺，巍然聳立於波斯富街上，為當年廣受歡迎的娛樂——中國戲劇提供了演出場地。劇院的拱形圓頂繪有金龍，掛滿燈飾，確是當時香港最豪華之中國劇院。並舉行了一場對聯比賽，選出皇仁書院中文教師李精一先生所撰寫之對聯，懸掛於舞台兩側。[8]

從「鵝頭山」到「利園山」

　　利氏購入鵝頭山（即後來的利園山）時，該處仍是一片野嶺荒山，放眼所見為一片茂林，而東角的早期建築也只有怡和洋行所興建的倉庫和大班屋。據其後人憶述，利氏入主鵝頭山背後也滲入了一則風水傳說。據稱利氏購入這片土地之前，曾有相士進言，指銅鑼灣至灣仔的地形恰似一隻展翅欲飛的大鵝（鵝首是鵝頭山，鵝嘴是渣甸倉所在，鵝身是今日的天樂里一帶，鵝尾則在今灣仔莊士敦道），[9] 利氏能購入鵝頭山，便可以興旺家業。1924 年，利希慎又與侄兒利裕成在澳門成立裕成公司，資本達三百萬港元，除投得澳門鴉片貿易專賣權外，還擁有自己的鴉片種植場。時人稱利氏有意把新購入的鵝頭山闢作鴉片提煉場，但這計劃卻因為歐美禁煙運動迅速傳到亞洲而中止，1927 年，日內瓦會議各會員國更承諾禁止國內的鴉片銷售活動。隨營商氣候的變更，利氏也順應潮流，漸漸放緩鴉片業務，除了把鵝頭山開闢為利園遊樂場外，又在山下興建富麗堂皇的利舞臺戲院，既為銅鑼灣豎立起新地標，也為香港娛樂業掀開新的一頁。[10]

利園遊樂場

　　利希慎看準港島東區的發展潛力，購下鵝頭山後，時人稱他一度與港府協商，希望剷去鵝頭山，騰出平地以供發展，又計劃把泥土運往北角作填海之用，而新填出來的北角土地則交由利氏發展。此建議最終因為雙方未能達成協議而告吹。繼後，港府決定以公地摩理臣山的泥土作填海之用，並自行開發剛填出來的新土地。順應此形勢，利氏留守在鵝頭山，增購了鄰近約共十五畝地皮，又把鵝頭山易名為利園山，依山勢建起利園遊樂場，成為該區一處深受遊人歡迎的地標。[11] 且看一位「老香港」如何憶述這家遊樂場：

　　……港紳利希慎認為此種遊樂場〔如「名園」〕極為市民所需要，而全港僅得名園一處，且地點又偏處北角，交通不甚方便，……乃計劃獨資創設一規模偉大（龐大）的遊樂場，建設務求現代化，包羅各種遊戲及娛樂器具，使市民一入其中，如置身樂園，流連忘返。

　　適時利氏正向政府投得銅鑼灣渣甸山公地，乃立意將此山開闢，先將岩石峻峰炸平，砍伐叢林樹木，然後動工建設，亭台樓榭，因應地形建築，奇花異卉，搜羅遍植，水池石山，塑上一些泥像人物，園中復有劇場、書院、遊藝場、酒樓、茶廳等，落成之日蔚為美觀，定名為「利園」，入門口處為一斜坡通道，可容汽車出入，右側拾級而上，曲徑通幽，轉出即豁然開朗，直達各遊樂場所，園內山上，復有不少羊腸小徑，匠心獨運，極盡曲折蜿蜒能事，每晚演出粵劇、電影、幻術、國技及唱女伶等遊樂節目，有獎遊戲有風槍射擊場、飛鏢場、擲藤圈、猜詩謎等，兒童遊戲則有鞦韆架、騎木馬等，入場券每位二角。因遊藝豐富，景色宜人，故遊人甚眾，比較以前之太白樓、愉園及名園有過之無不及，同時名園因地點遙遠及遊藝較少，營業一落千丈，……名園主事者見無可作為，乃關門停業。由是利園又成為港人唯一遊樂場，營業之盛，……此時實為遊樂場的黃金時代。[12]

　　遊人到利園來遊玩，所見景致有何特色呢？1926 年，銅鑼灣皇仁書院的校刊《黃龍報》上有一篇名為〈遊利園記〉的學生習作，據文中所記，當時的利園入場券收費為兩角，遊人可從電車路拾級而上，穿越山洞，便會看見一尊觀音像聳立該處；沿着假山、經過平台，隨着羊腸小徑往山上走，沿途便會見到孔雀、鴛鴦，景物美不勝收，而走進利園內，則有粵劇、電影、國技、魔術、雜耍、女伶演唱等節目，另又有猜

二十世紀初，滬港新三處濱海城市先後出現一陣營建遊樂場的熱潮，圖為香港島北岸出現的名園（上圖）、樟園（下圖）。

利希慎家族營建的「利園」內景。

謎、棋壇等有獎遊戲攤位。不少遊人都稱許利園之內風景怡人，園內設有茶水酒菜，加上門外正是電車站，地處交通要衝，遊人自然絡繹不絕，而利園亦一度被時人推譽為香港四大名園之首，即所謂「遊樂之場，所在多有，個中翹楚，首推利園」。隨遊人蜂湧而至，「蹌嗆躋隮，摩於肩，接於踵」，利園的門庭一時間十分興旺。[13]

為了招徠客人，其後先施公司、大羅仙酒店和皇后酒店的天台紛紛加設遊樂場，引入女伶唱曲、短劇和白話劇等表演，其中尤以先施公司的規模較宏大：遊藝場地位處先施公司大樓的六樓和天台，除了女伶演唱外，還引入映畫、幻像、大力戲，覓來一些奇怪的人物鳥獸，「如孿生男女、雙頭人、大頭人、長人、矮子，以及孔雀、貓頭鷹、大蚺蛇、老虎、金錢豹、鱷魚」等，供人參觀，在吸引遊人賞玩之餘，也帶旺了百貨公司的銷售生意。

隨着先施等百貨公司開設天台遊樂場，其他領域的娛樂事業也蓬勃興起，遊人也漸漸減少遠赴港島東區，尋訪位置偏離市區的遊樂園地，勢之所趨，樟園及愉園自1923年先後被改建，成為養和醫院的一部分；名園也在1930年代初停業，並一度租給聯華影業公司充當攝製場地。

利園在1930年代進行改建，一度成為電影片場。香港電影業先輩黎北海便是得到利氏家族的支持，把其電影拍攝工作移師到香港利園山，和利希慎合辦香港影片公司，其作品《左慈戲曹》便是在利園山道搭景拍攝而成。故事改編自《三國演義》，描述術士左慈如何利用戲法捉弄曹操。電影由黎北海編導及擔任主角，女主角則由許夢痕擔任，並覓來從美國回流的技師彭年充當攝影師。[14] 由此說來，利氏家族與香江影視娛樂業的淵源實在不淺。

順應潮流，由中山馬應彪家族經營的先施公司也引入了遊樂場設施，圖為1930年
代上海先施公司的天台遊樂場。

利舞臺戲院

利希慎在利園山上興建利園的同時，在利園山下，也蓋起了一座金碧輝煌的利舞臺戲院，不單把外表富麗的歐西劇院式建築帶來香港，也為銅鑼灣樹立起一個優雅地標。該戲院的歐化外觀乃是由一名法國工程師設計，約在 1920 年代中落成。戲院裏的穹隆圓頂繪畫了九條金龍，並用金箔裝飾；舞臺頂層刻有丹鳳朝陽，下層則雕有二龍爭珠，與大門前用金箔拼嵌的「利舞臺」三字互相輝映，富麗堂皇。利舞臺是香港首家設有旋轉舞臺的影院，當時的豪門富戶皆以到訪此地觀賞大戲為樂。劇院內的觀眾席共分三層，合共千多個座位，頂端寬闊宏大，處處雕樑畫棟，舞臺兩旁則書有皇仁書院中文教師李精一所撰寫的對聯：「利擅東南萬國衣冠臨勝地；舞徵韶護滿臺簫管奏鈞天」。

外貌富麗洋化的利舞臺，在經營初期卻專門上演傳統粵劇大戲。據利氏後人稱，利希慎興築利舞臺並不單視之為一項商業投資，同時也有便利家人的考慮。利氏的母親一直熱衷觀賞粵劇，但在那年代，香港較大型的粵劇戲院卻位於西環石塘咀（如太平戲院），利母年邁，不宜長途跋涉，所以利氏便在利園山下自行蓋建戲院，一來可避免其母遠道跋涉之苦，二來經營戲院這新興行業也屬利潤可觀。多年經營下，利舞臺與梨園關係漸漸密切起來，成為一線藝人表演的熱門場地，如馬師曾、紅線女、薛覺先、何非凡、關德興、新馬師曾、芳艷芬、任劍輝、白雪仙等名伶，均曾在這個舞臺上留下身影。電影放映業繁盛起來後，利舞臺也開始放映中外電影，成為不少歐西影片在香港首映之地；此外，馳名全球的藝人如奇里夫李察（Cliff Richard）、芭蕾舞后瑪歌芳婷（Margot Fonteyn）、小提琴大師曼奴軒（Yehudi Menuhin），以及皇家丹麥芭蕾舞團、皇家瑞士劇團等均曾在此舞臺獻技。利舞臺可說是銅鑼灣的一大歷史地標。[15]

利銘澤（左二）與利漢釗（右一）跟建築師貝聿銘（左一）等討論在戰後銅鑼灣開發利氏物業的大計。

　　利希慎過身後，遺下一妻三妾和七子七女。1950年代，利銘澤開始執掌家業，大力投向地產業，利氏也進一步把利園山鏟平，進行大規模重建，修建利園山道、希慎道（以紀念利希慎）、蘭芳道（以紀念利希慎元配黃蘭芳），又以故鄉四邑（即新寧、開平、新會、恩平）為名，闢建新寧道、新會道、開平道和恩平道，也有以四邑學者陳白沙（即明代人陳獻章）及梁啟超命名的白沙道和啟超道。這些道路的開闢，大大改變了銅鑼灣的地貌和景致。另外，利家又在希慎道兩旁廣植洋紫荊，新寧道、新會道、開平道和恩平道則廣植了從華南移植過來的黃花樹，經過多年經營，這裏成為一處綠樹成蔭、繁花掩映的雅致街區。今天走在這幾條街道上，我們仍可以看到這些漂亮花木，在繁華的銅鑼灣展現出一片難得的雅靜天地。

　　第二次世界大戰後，利氏家族大舉轉向地產業，在利園山先後興建新寧樓、使館大廈、嘉蘭大廈和崇明大廈。這一幢幢簇新樓宇，帶動銅

利氏家族在銅鑼灣「利園山」畔營建的利舞臺，戲院內處處精工細刻，畫棟雕樑。

鑼灣部分地段躍升為高級住宅和商業樓宇的集中地,如在 1949 年建成的新寧樓,不單是利氏興建的第一座公寓大樓,也是香港首批以單位住戶作為獨立業主的大廈之一,其中約六十個房間被闢為公寓,而面向希慎道的約五十個房間則被闢為新寧招待所,充當小型旅館,其「香檳廳」更一度是香港著名娛樂場所,連荷李活影星奇勒基寶(Clark Gable)、威廉荷頓(William Holden)亦曾是此店的座上客。翻閱 1950 年代末的銅鑼灣地圖所見,昔日只有零落幾座大屋的利園山,此時已興建蟾宮大廈、使館大廈、新寧大廈和崇明大廈,其他建築物亦如雨後春筍般聳立起來,銅鑼灣漸漸換上新貌,添上一層新個性。[16] 利希慎家族在戰後大力發展銅鑼灣,背後的其中一名功臣則是建築師甘洺(Eric Cumine)。

自 1950 年代起,隨着利氏家族在銅鑼灣開拓的各項業務蒸蒸日上,利氏旗下的投資也遍及地產、娛樂、金融、貿易、酒店、航運及公用事業等各環節。如利銘澤的三弟利孝和與七弟利榮達在 1953 年購入了巴士飲料有限公司的股權,並改組為聯合汽水廠,旗下產品包羅了今天仍為人熟悉的玉泉、七喜、可口可樂等,一度佔了香港飲料市場半壁江山。1960 年代,利氏更朝向電視業這一新領域發展,利孝和與四弟榮森、七弟榮達等便聯同余經緯、邵逸夫,創辦香港電視廣播有限公司(簡稱無綫電視)。電視台在 1967 年正式啟播,開啟了香港電視史的新階段。[17]

戰後由利銘澤開闢的希慎
道和新寧道，今日已綠樹
成蔭，繁花掩映。

剪影二 建築師甘洺傳奇

利希慎家族自 1920 年代落戶銅鑼灣，在這裏先後營建利園和利舞臺等地標，戰後更大舉轉向地產業發展，在利園山及毗鄰地段修建恩平道、開平道、利園山道等多條繁盛街道，並刻意營建利園酒店、嘉蘭大廈等多幢新建築物，建築師甘洺（Eric Cumine, 1905－2002）可說是這一浪銅鑼灣建築潮裏，其中一名重要的幕後設計師。甘洺究竟是何許人呢？

建築師甘洺。

甘洺是一個熱愛生活的建築師，他的漫漫人生路極少冷場，就連日軍侵華期間在上海被關進集中營，他也能把困阨生活化為幽默漫畫。遲暮之年，他仍面對商場巨人的法律挑戰——甘洺與九倉集團的官司糾纏十載，消磨了他的健康，也令他一手創立的建築師樓煙消雲散，但他一直堅持下去，把官司上訴到英國樞密院，成為建築師界如何跟地產商硬拼的案例。與甘洺相交半世紀的朋友都說他交遊廣闊，博學多才，生趣無限。[18]

甘洺生於上海，為中英混血兒。他的父親來自蘇格蘭，遠渡重洋，來到上海當《水星報》（*Shanghai Mercury*）的督印人。少牛甘洺學業成績優異，並且是一名運動健將。他曾告訴朋友，自己少年時候「險些兒」立志當記者，但十五歲時卻改變主意，決定負笈英倫，在建築師學院（Architectural Association School of Architecture）修讀建築。那個年代，建築技術日新月異，在建築師的巧筆之下重塑了紐約、芝加哥等大城市的個性，這些城市也仿佛成為漫畫《蝙蝠俠》中畫家繪畫「葛咸城」的靈感來源。建築技術的驚人力量令甘洺無限嚮往。他在十九歲時學成返滬，在十里洋場的上海忙個不停，開設物業公司之餘，也為多份報章撰寫賽馬評論，但平日仍

"Dearest, alone at last!"

"He always travels P. & O."

甘洺筆下兩幅戰時在集中營生活的漫畫，淚中有笑。

甘洺（前排左六）與其建築師樓同事合照。

能騰出時間流連歌廳舞場中。1937年日軍佔領上海，甘洺被關進集中營內，困頓的日子未有消磨掉他的幽默感，在營內他完成了一本漫畫手稿，記敘了營中百態，更與眾多營友合力照顧一名沒有父母在旁的少年巴勒(J. G. Ballard)。巴勒長大後，寫了一本自傳式小説，記述這段難忘歲月，小説的內容被導演史匹堡（Steven Spielberg）看中，拍成電影《太陽帝國》（*Empire of the Sun*）。甘洺為他在集中營內創作的漫畫取名為 Lungwah CAC-Kles，透過漫畫嘗試以幽默感來化解人生的艱險，淚中有笑，苦中有樂。

◇ 南下香港　落户銅鑼灣

1949年，甘洺從上海南下，得友人利孝和協助，在銅鑼灣利舞臺的閣樓成立了一家小型事務所，經營頗為艱難，情況最壞的時候，連員工的薪金也無法支付。樂觀的甘洺運用自己對馬匹的認識，派遣辦公室的小廝代購馬票，這張馬票果然不負所託，贏得的獎金足令建築師事務所得以暫渡難關。[19]

1950年代，隨利希慎家族在銅鑼灣大興土木，甘洺的建築師樓也日益壯大，業務更漸漸遍及全港，成為香港十大建築師樓之一，他在1964年被封為太平紳士，1974年更得到O.B.E.勳銜。甘洺曾為香港繪畫了一本圖文並茂的百科全書 *Hong Kong Ways and By-ways*，顯現了他對香江這座城市的敏鋭觸覺。

甘洺的文化背景令他的視野跨越東西，筆下所設計的五百多幢建築物亦千姿百態：他為從新馬回港的寧波商人邵逸夫設計了清水灣邵氏片廠，廠內的行政樓形狀奇特、窗戶外觀刻意誇張；他為美洲回港的利希慎家族設計的利園酒店，酒店內外都設計得莊重高雅。利氏開發銅鑼灣，也邀甘洺設

計多幢建築物，協助利氏旗下銅鑼灣區的物業塑造出優雅品味；甘洺為從澳門遷來的傅老榕家族設計富麗華酒店（Furama 的名字是由傅家的 Fu 和美麗華 Mirama 兩字合併而來），酒店頂層的旋轉餐廳 La Ronda 成為中環的地標；他替「屋宇建設委員會」設計的公共房屋北角邨，一直被認為是設計最優異、最尊重私人空間、最「不似公共房屋」的公共房屋；他亦為何鴻燊設計葡京酒店，坊間流傳這酒店貌如雀籠，含有神祕的風水佈局，令賭客如籠中之鳥，何鴻燊曾向記者聲稱酒店的「建築師乃外國人，根本不懂風水」，但翻閱甘洺的 *Hong Kong Ways and By-ways*，便知道他其實是一名「香港通」，對風水不無認識，但他有否把其風水理念融入設計中，或許只有他自己才可回答。20

甘洺有自己的一套設計哲學。來港初期，他曾應香港大學建築系布朗（Gordon Brown）教授之邀，出任客席導師，第一屆畢業生伍振文憶述甘洺給他最難忘的教誨是：「一個好的建築師不只要懂得畫則，更重要的是要懂得做人。」除了處理圖則，還要兼顧客人的獨特心意。一個能夠體貼委託人心意、精心剪裁設計的建築師，大概應該歲月無驚、事事順遂吧？

◇ Wharf vs. Cumine

從法律案例中我們可以找到甘洺的名字，與他對簿公堂的對手，是跨國集團、已故船王包玉剛旗下的「九倉」（它也是在 1990 年代於銅鑼灣營建「時代廣場」的發展商）。這是一宗在法庭內外都廣受關注的大案，由 1982 年至 1991 年，糾纏長達十載。甘洺建築師行被吳光正（包玉剛之婿）掌管下的「九倉」控告專業疏忽，令海港城建築圖則未有盡用地積比率（plot ratio），「九倉」要求建築師賠償三億元。

這場硬仗不易打，單是律師費已高達數千萬元。「九倉」屢敗屢戰，一直

建築師甘洺為利
氏家族設計的嘉
蘭大廈，既貼合
地形，又華實兼
備，一直被業界
視為佳作。

上訴至英國樞密院。對比「九倉」的財力，甘洺勢孤力弱，但面對頑強對
手，他沒有退讓，相持日久，期間「九倉」一度提出庭外和解，但甘洺卻
堅持訴訟，這場硬仗似乎已不只是關乎個人榮辱了。自「九倉」1982年入
稟法庭起，甘洺建築師樓的四個合夥人中，兩個先後離世，一個殘疾，只
剩下甘洺獨守戰場；整間建築師樓也由全盛時期的兩百多名員工，凋零至
只剩下兩三人。審訊期間，連八十一歲高齡的甘洺也中風癱瘓。至1992
年，甘洺才獲勝訴，法官指「九倉」沒有充分理據。雖然贏了這一仗，但
甘洺也賠上了沉重代價，他一手創立的建築師樓已煙消雲散，自己也落得
半身不遂。但他確為「地積比率」這項香港建築界多年來的工作死穴開了
重要案例，為建築師贏了一場勝仗。從甘洺留下的文字所見，他興趣繁
多，既喜歡探究建築，也沉醉於搜尋歷史碎片，這兩種興趣可有互通之
處？或許，像建築物一樣，歷史總是留下了精緻細節，丟失了細節，就是
丟失了整體。

甘洺為何鴻燊家族設計的澳門葡京酒店。

甘洺為邵逸夫家族設計的清水灣邵氏影城內一景。

虎豹別墅與胡文虎

在利氏家族落戶銅鑼灣、開發利園山同時，胡文虎家族也在大坑落戶，並在這裏興建別具風格的虎豹別墅。這座遠近聞名的別墅，又名萬金油花園、胡文虎花園（Tiger Balm Garden, Haw Par Mansion），位處銅鑼灣大坑道，建於 1935 年。整座別墅依山而建，園內除胡家府邸外，也遍植樹木花草，紅牆綠瓦的亭台樓閣之中，還有漆上斑斕色彩的假山，山石內鑿有迂迴通道，營造出尋幽探祕的氣氛。別墅本為胡文虎家族的私家花園，但花園部分範圍則免費開放給普羅大眾參觀。「萬金油大王」胡文虎興建這幽秘遊園的念頭，究竟從何而來呢？

胡文虎（1882 － 1954）的父親胡子欽是一位中醫師，原籍福建永定，清末移居緬甸，兼營藥店。其長子胡文龍早逝，次子胡文虎 1882 年生於仰光，三子則為胡文豹（1884 － 1944）。胡文虎十歲時被父親送回家鄉，接受傳統教育，四年後才重回緬甸。1908 年胡子欽逝世，文虎、文豹兄弟接手經營仰光中藥店「永安堂」，專營藥材生意，文豹坐鎮永安堂，文虎則奔走各地，負責推銷工作。胡氏兄弟也廣招人才，研製新藥品，並加強品牌包裝，先後推出了頭痛粉、八卦丹及萬金油，風行東南亞。1914 年，胡氏將永安堂遷至新加坡，後來更把業務拓展至香港和廣州，並在汕頭興建製藥廠。胡氏兄弟重視產品宣傳，使永安堂藥品遍銷新馬及南中國，胡氏昆仲致富的故事亦在東南亞廣為流傳。[21]

虎豹別墅除了是胡家的私家花園，也可說是「永安堂虎豹良藥」的活廣告。當時藥業市場競爭異常激烈，胡氏旗下的「虎標萬金油」，與多家同行（如來自越南的「二天油」藥品）激烈競爭，一度演變成市場

胡文虎（右）、胡文豹（左）兄弟。

拉鋸戰，為了加強「永安堂」藥品的宣傳效果，胡氏更自辦報紙，用來
推銷虎標萬金油：1929年創辦新加坡《星洲日報》，1938年在香港創
辦《星島日報》，其後又創辦一系列「星系」報紙，儼然一代「報業大
王」。胡文虎是一位觸覺敏銳、注重以視覺刺激來作廣告宣傳的商人，
創業之初，他便為永安堂藥品設計出耀目商標，成為當時一種獨特的宣
傳手法。

品牌故事

　　胡氏兄弟通過興建虎豹別墅、自辦「星系」報紙來促銷「虎標」產品，令「虎標萬金油」家喻戶曉，「永安堂」也起用關蕙農筆下的老虎畫像作為商標，成功令「萬金油」這一品牌跨逾疆界，深入民心。若説胡父昔日所賣的是成藥，胡文虎積極推銷的便是品牌，而受聘來繪畫「虎標」的畫家關蕙農來頭也不小，在當時他更被稱譽為「月份牌大王」。

　　一代廣告畫大師、「月份牌大王」關蕙農的故事正好見證了廣告業在近代中國的誕生。關氏原名超卉，南海西樵人，其先祖曾跟隨英國東

為多家商號繪畫出精美品牌商標的「月份牌大王」關蕙農。

印度公司（East India Company）旗下畫師學習西洋畫法，作品融合了東方畫「寫意」和西方畫「寫真」的旨趣。關蕙農幼承庭訓，自幼研習西洋鉛筆寫生，掌握了光暗變化、遠近透視的技巧。稍長後，他又隨嶺南派大師居廉學習國畫，融會了中西畫理。關氏於 1905 年來港，隨後發表作品如《雙美繡十字旗圖》等，以西洋水彩畫法繪畫中國仕女，聲名鵲起。1912 年，他的作品如《荒塘垂青》及《黎明讀書》更獲得著名畫家高劍父徵用，在上海《真相報》發表，吸引上海畫壇注目。光緒末年，他加入香港的文裕堂書坊工作，除熟習中西畫法外，也掌握了五彩石印技術，後來被《南華早報》聘任為美術印刷部主任。1915年他自立門戶，創辦了著名的香港亞洲石印局，替中國大陸、香港及東南亞各商號印製月份牌、包裝招紙及各式宣傳紙品，同時也協助各行業繪畫商標，其中較為人熟悉的有廣生行的「雙妹嘜」和胡氏昆仲的「虎標」。

關蕙農筆下的廣告畫，除了胡文虎家族的「虎標」外，還包括了馮福田家族旗下的「雙妹嘜」品牌。

　　隨着廣告業在中國蓬勃發展，關蕙農的亞洲石印局也迅即冒起，其製作工序——包括設計、繪畫及印行各環節——均由石印局以流水作業方式一手包辦，一時間，可說是壟斷了整個華南及東南亞的「月份牌」市場。[22] 其海報大多以「月份牌」形式印製，在海報下沿印上年曆，由商號贈送給顧客，以收宣傳之效，關氏也由此贏得「月份牌大王」的美譽。今日所見，當時流行的月份牌大多以美女作主題，宣傳語反被置於次要位置，廣告中的美女衣着趨時，婀娜多姿，反映了當時的風尚。這些月份牌畫大多採用五彩石印法，配合畫家細膩的筆法技巧，既富藝術價值，也反映了社會經濟狀況。關蕙農為胡文虎繪畫的「虎標」，更助其跨越疆界，成為中外馳名的品牌。[23]

胡文虎兄弟旗下的「虎標」品牌，成功跨越疆界，遠近馳名。

　　胡文虎覓來關蕙農，為永安堂藥品操筆畫出鮮明商標的同時，也把這些圖像移植到其新港兩地的別墅內。虎豹別墅的院內設計，意念便大多由胡文虎口述，再找來擅於營造園林的汕頭工匠精心設計和施工。別墅依山建造，內有宮殿式房屋，紅牆綠瓦，並以磁磚砌建泳池，壁上有色彩斑斕的動物泥塑，花園內還滿佈有關中國民間故事、佛教神話的塑像，傳達勸人為善的宗旨。虎豹別墅在建築上融合了中國園林式建築和南洋的美術色彩：別墅以中式的瓦頂作裝飾，材料選用混凝土和紅磚，這特點也被稱為「中式文藝復興」──既用了洋化的紅磚作外牆，也結合了中國式的飛簷、斜頂和裝飾圖案。雖然別墅和花園外形皆採用中式設計，但內裏的佈置、梯級、燈飾和窗戶上的圖畫，則兼用了西方元素，如屋內所用的意大利彩繪玻璃，便顯露了胡氏意欲營造的豪華氣派；地下後門的彩繪玻璃呈現老虎圖形，回應了「虎標」的主題；呈八角形的花園涼亭，其兩側的門上鑲滿彩繪玻璃，以金箔製成的十字架形燈飾也教遊人嘆為觀止，令人對「虎標」印象難忘。

　　通過文字，我們可以來一次紙上的花園旅程：虎豹別墅入口為「萬金油花園」牌坊，拾級而上，進入別墅，便是一座中國式花園，為胡氏府邸，園內各處都印有虎標及萬金油字樣；花園內約有二十九處觀光點，近入口的景點是三佛，沿梯直上，是一連串以佛教故事為題的塑像及建築，先是彌勒佛，象徵富裕，接着見到二龍爭珠，取材自佛經故事；沿樓梯登上別墅中層，到達胡文虎的靈骨塔；別墅內還有一些具有中國特色的造型（如舞獅）和愛國志士（如林則徐）的塑像；花園內的畫像和彩色雕塑則描繪了不少中國民間故事（如「八仙過海」、「豬兔聯婚」等），另有佛教神話的塑像，旨在勸人為善。在這些塑像及建築羣中，架起了一座假山，內有山洞，穿梭於崎嶇曲折的山洞中，遊人會看到多幅以輪迴為主題的壁畫。其他園內特色，以「虎塔」及「十八層

虎豹別墅融合了中西式建築特色,也反映了不少南洋色彩。左下圖為新加坡虎豹別墅內一隅,其餘四幅相片則攝於香港虎豹別墅內。

地獄」最為聞名：壁上浮雕「十八層地獄」，繪畫了割舌、腰斬、下油
鍋、萬箭穿心等可怖景象，道出了警醒世人、懲惡勸善的主旨；七層的
白色「虎塔」高約 145 米，呈六角形，早年用作收藏胡家珍寶翡翠之
用，被視為虎豹別墅的象徵，也是當時香港島上罕見的中國式塔樓，正
因如此，「虎塔朝暉」也成為當時「香港新八景」之一。沿花園再前行，
繞過玉帶橋，便見到別墅內最後一組景點——地獄十殿圖，同樣帶出了
輪迴轉世、善惡有報的警誡。別墅內所見的斑駁景物，除包含警世信息
外，也在多處凸顯了「虎標」的品牌。[24]

　　若論及「虎標」王國的傳承問題，據時人稱，胡文虎原本較看重兒
子胡好，並一度希望栽培他成為「虎標」的接班人。胡好來到香港後，
一直活躍於足球圈，成為圈中一支叱吒風雲的球隊——「星島」的班
主，這也令胡好成為香江社交圈中的名人。但他卻在 1951 年在東南亞
遇上空難逝世。胡好死後，胡氏家族漸漸在香港社交圈（尤其是足球
圈）內淡出。胡文虎在 1954 年逝世後，永安堂的虎標製藥一度交託給
侄兒胡清才掌管，在新馬方面，胡氏旗下報業則一度交由胡文虎的兒子
胡蛟來負責，香港的報業生意則由女兒胡仙來執掌。數十年來，胡氏建
立的商業王國可說經歷了不少驚濤駭浪。[25]

　　至於虎豹別墅的命運，也隨胡文虎逝世出現變易，其後人先後把別
墅的部分地段出售，在原址上建成了龍華花園、嘉景臺、龍園及華苑等
私人住宅羣。至 2000 年，胡氏更把餘下部分出讓給長江實業集團，興
建私人住宅渣甸山名門。自此，為香港人提供了數十載視覺盛宴的虎豹
別墅也正式關閉，從此遊人止步。香港政府跟地產商協議後，虎豹別墅
的主樓才得以保留下來。

小結：遊園故夢

　　進入二十世紀，隨着各路華商在香港落戶，商國出現了羣雄競逐的新形勢，如胡文虎、利希慎等回流商人先後踏足銅鑼灣及毗鄰地區，購入大幅土地，營造起各自的遊園美夢，除留下了利園、利舞臺、虎豹別墅等地標外，也掀起兩股潮流：利氏家族帶起一陣遊樂場時尚，胡文虎的兒子胡好則組建了一支球壇勁旅星島足球隊，掀起連番球國風雲，為銅鑼灣的歷史容貌增添了一重別緻個性（這故事的細節且讓本書附錄部分作交待）。

● ●

註　釋

1　陳世豐：〈遊樂場興替史〉，載黎晉偉編：《香港百年史》（香港：南中編譯出版社，1948），頁 121-122。

2　夏歷：《香港東區街道故事》（香港：三聯書店，1997），頁 127-129；江山故人：《驀然回首話香江》（香港：科華圖書，1997），頁 125。

3　同註 1。

4　同註 1。

5　同註 1。

6　利德蕙：《利氏長流》（Scarborough, Ont.：Calyan Publishing Ltd.，1995），頁 3-26；另見何文翔：《香港家族史》（香港：明報出版社，1992），頁 122；林友蘭：《香港史話》（香港：上海印書館，1978），頁 130。

7　利德蕙：《利氏長流》，頁 36。

8　利德蕙：《利氏長流》，頁 26，另參考頁 28-31、81-83；利德蕙：《築橋：利銘澤的生平與時代》（Scarborough, Ont.: Calyan Publishing Ltd., 1998）。

9　利德蕙：《築橋》，頁 10。

10　利氏其後也在波斯富街、利通街、灣仔道、太

和街、石水渠街、皇后大道東、春園街、第二街等購入不少物業，另立「利綽餘堂」及「利東」兩家族堂名控制「利希慎置業」的租務。利氏的投資還包括中華糖房、香港電燈公司、香港上海匯豐銀行、牛奶公司。早在 1925 年，利希慎便把「利希慎置業」的股份分給各成員，他自己擁有 1000 股外，兒子每人 500 股，元配 250 股，三位妾室 100 股，女兒各 70 股，其他散股也配予利姓族人。利氏去世後，股份由黃蘭芳繼承，公司則改由利銘澤、利孝和、利榮森及黃蘭芳任董事，利希慎妻妾及子女在公司的 5000 股中便佔去 4900 股；參見公司註冊處資料，利希慎置業有限公司（註冊編號 552），1948 年，頁 C1-C5；利德蕙：《利氏長流》，頁 28-45；利德蕙：《築橋》，頁 9-11。

11　利德蕙：《利氏長流》，頁 30。

12　同註 1。

13　馬鉅濤：〈遊利園記〉，《黃龍報》，vol. 27, no.3（1926 年 4 月），頁 68。

14　鍾寶賢：《香港影業百年》（修訂版）（香港：三聯書店，2007），頁 56-61。

15　利氏在 1939 年成立由「利希慎置業有限公司」全資附屬的「民樂公司」，利舞臺則為「民樂公

司」附屬機構；參見公司註冊處資料：民樂有
限公司（註冊編號 1592），1948年；希慎興業
有限公司：《年報》（1992），頁10；利德蕙：
《築橋》，頁83；葉立文：〈香港檔案——利舞
臺〉，《九十年代》，總259期（1991年8月
號），頁73。

16 華僑日報編：《香港年鑑》，1958，第五篇，
頁25；另見利德蕙：《築橋》，頁71-85。

17 公司註冊處資料，電視廣播有限公司（註冊編
號11781），1965年；馮邦彥：《香港華資財
團：1841–1997》（香港：香港三聯，1997），
頁216；利德蕙：《築橋》，頁85-6；何文翔：
《香港家族史》，頁155。無綫電視主要股東為
利孝和、邵逸夫、余經緯、利榮森，1967年利
孝和出任電視廣播有限公司董事局主席，1980
年逝世後，股份轉至其妻子名下。

18 作者訪建築師伍振民先生，2002年9月10日。
伍振民先生是香港大學建築系首屆畢業生，求
學期間，甘洺曾擔任其建築歷史課的老師。

19 作者訪建築師鍾華楠先生，2001年1月15日。

20 剪影二內有關甘洺的歷史，參見鍾寶賢：〈建
築想像無窮〉，《信報財經新聞》，2005年11
月9日，感謝該報容許筆者把資料在這裏重整
和發表。有關甘洺的背景，可參考 Cumine,
Eric, *Lunghua CAC-kles: April 1943 — August
1945: the internment of allied civilians at the
Civil Assembly Centre, Lunghua, Kiangsu,
China* (Hong Kong: Eric Byron Cumine,
1974)；甘洺在該書內以漫畫形式記錄了大戰期
間他在上海集中營的生活。

21 〈胡文虎先生傳略〉，載香港星系報業有限公司
編：《星島日報創刊二十五週年紀念論文集，
1938–1963》（香港：星島報業有限公司，
1966），頁1-13；康吉父：《胡文虎傳》（香
港：龍門文化事業公司，1984）。

22 李氣虹：〈虎標蘊含的愛國色彩與品牌文化〉，
《聯合早報》，1998年9月22日；顏淑芬：〈關
氏家族史略〉，載《月份牌王·關蕙農》（香港：
香港藝術中心，1993）；澳門市政廳：《歲月
留痕：月份牌》（澳門：澳門市政廳，1994）。

23 關超卉：《蕙農畫集》（香港：亞洲石印局，
1940）。

24 Brandel, Judith and Tina Turbeville, *Tiger
Balm Gardens: a Chinese billionaire's
fantasy environments* (Hong Kong：Aw Boon
Foundation, 1998); Kwok, Lok-man, *Tiger
Balm Garden Booklet: tells you everything
about the garden* (Hong Kong: the author,
1961);Lewis, Ellen, *The Tiger Balm Garden
Mystery* (Hong Kong: Heinemann, 1983).

25 參見Aw Kow (Datin), Singapore Archives and
Oral History Department, National Archives
of Singapore. Transcript A 000041/04. Aw
Boon Haw Papers, National Archives of
Singapore；宋哲美編：《星馬人物誌》（香港：
東南亞研究所，1969），頁143-144。

第四章

日資登陸 百貨紛陳

日資登陸
百貨紛陳

經歷了英資開發、華商拓展兩股潮流後，銅鑼灣的面貌已有多番變化。進入 1960 年代，銅鑼灣又開始了一段日資登陸的故事：隨着大丸落戶百德新街，松坂屋、三越、崇光等日資百貨公司便鱗次櫛比地建立起來，帶來了源源不絕、包裝繽紛的日本百貨，銅鑼灣也一度被冠上「小銀座」的外號。另一方面，香港政府在戰後成立的「旅遊協會」，銳意推廣旅遊業，大力為香江樹立「購物天堂」、「東方之珠」的品牌形象，這也加速了香港與全球時尚的接軌，改變了香港的消費文化和市場面貌。得此之力，銅鑼灣也成為香港的主要消費購物區。

百德新街的變臉

要追溯日資如何落戶銅鑼灣，我們或可由此地戰後初癒的景貌說起。戰後，香港政府參考了多方意見，同意在銅鑼灣多保留休憩用地。到 1957 年，銅鑼灣填海工程完成後，昔日的避風塘也化身成今日的維多利亞公園，成為當時全港最大的市區公園之一。

戰後的銅鑼灣，富戶窮家擇地而居，各處一方，在禮頓道、摩頓臺和跑馬地出現了不少高尚住宅，但大坑山邊卻是一片貧瘠，而大坑蓮花宮毗鄰的木屋羣，更一度與舊大坑村、芽菜坑村、馬山村並稱為銅鑼灣四大木屋區。一位在 1950 年代來港謀生的順德媽姐親睹種種懸殊景物，留下了這樣的有趣記述：

1957 年我從順德來到香港，在銅鑼灣的摩頓臺附近打住家

1950 年代維園內的維多利亞女皇銅像。

1950 年代銅鑼灣怡和街的景貌。

戰後銅鑼灣區內出現了華洋共處、貧富聚居的形態，圖為大坑沿山一帶的木屋區。

工，當時的維多利亞公園剛剛建成，大坑舞火龍，五十幾年前已經看過，中央圖書館以前是兵房，全部被鐵絲網圍著，裏面全是一間間半圓形的鐵皮屋。到聖誕節的時候，從四層高的大廈望過去，我看到一個個鬼佬兵飲得醉醺醺。……初初來香港，只有中國銀行及匯豐銀行，就什麼也沒有，沒有任何高樓大廈。我來的時候萬宜大廈也是剛剛建好的，棚架還未拆，……灣仔的樓宇有好多騎樓（露台），好多窮人都住在騎樓底、樓梯底，一家大細，拉起帆布，好窮，認真有錢的，是住花園洋房半山區。我們打住家工，還可以住洋房，窮些的人則住在山邊，全是木屋及鐵皮屋，他們主要住在山腰，大坑附近、胡文虎（虎豹別墅）一帶全是木屋，你又搭我又搭，一路搭到上山腰，他們在那裏養豬、養雞，晚上會聽到狗吠雞啼，胡文虎渣甸山以上則全都是兩層花園洋房。[1]

當時在銅鑼灣居住的富戶和窮家，生活情況又是如何呢？從另一位媽姐的故事裏，我們或可整理出一點頭緒：「第一份住家工在銅鑼灣摩頓臺即法國醫院旁，月薪是五十元。當時一個有錢人可以有六至七個工人，可以分花王、司機、湊仔、煮飯、打雜等，全部都是南（海）番（禺）順（德）人，全部都是『梳起唔嫁』。我是負責打雜的，工作包括有掃地、抹地、幫事頭（主人）開門、事頭返來要沖茶、開飯時鋪檯食飯等。事頭返來要沖一杯茶，不可太熱，要和暖，擺在檯上，你就不用理他，他或者有衫給你掛。早上，事頭起身洗面你要煮飯做早餐，你跟住要準備刀叉、抹咀巾，之後就叫事頭出來吃東西，食完收拾碗碟之後就要叫少爺姑娘起身。事頭走後，就開始執床，鋪床單、抹梳妝檯、抹鏡、抹塵、洗廁所、洗面盆、洗沖涼缸，逐間房執、抹地、有衫洗衫、晾衫。跟着準備下午飯的刀叉，下午就湊放學。一個月會放一日假，通常都去探姊妹。」[2]

　　銅鑼灣這種新舊拼雜、貧富共存的建築狀貌，一度成為該區的一大特色。到了 1960 年代，銅鑼灣迎來了一個戲劇性轉變：百德新街的住宅樓宇羣落成，大大改變了銅鑼灣的面貌，當時便流行一句口頭禪：「你估你好有錢呀？你住百德新街咩！」反映了百德新街的特殊地位，仿若新興高尚住宅區的代名詞。在這組住宅樓宇羣中，更出現了一家由日本渡海而來的租戶——大丸百貨公司（Daimaru）。[3] 這段急變歲月裏，百德新街住宅區如何誕生？我們或可由開發百德新街的張玉麟家族說起。

　　張氏的先祖張楚贊為廣東新會人，約在 1862 年起在鄉間經營小買賣，育有三名兒子：椿堯、椿珍、椿錦（祝珊）。其中，張祝珊生於1882年，有子玉階、玉麒、玉麟、玉良等。張祝珊在 1930 年代遷往廣州居住，開設了一家名為「張錦記」的商號，經營草蓆、嗎臣蓆（籐蓆）等家庭式工藝品買賣。

　　1938年廣州淪陷後，張氏家族南逃香港，在中區蘇杭街落腳，並在今日中環伊利近街一帶擺賣雜貨。當時的蘇杭街是華人雜貨零售業的總匯，張氏後來沿用廣州「張錦記」的招牌，在中環永吉街開設了一家洋雜店。香港重光以後，張玉階及張玉麟目睹戰後的東南亞地區極為缺乏西藥，覺得奇貨可居，遂在中環昭隆街開設了一家歐洲海岸有限公司，向英國藥品公司大量購入「山杜連」西藥，除批發和零售外，還自行將「山杜連」加入奶糖粉，製成花塔餅、疳積散及鷓鴣菜等成藥出售，另於店內兼售日用品，大受市民歡迎。另外，他們也從歐美各地進口糖精肺片及盤尼西林，通過其開設的歐洲海岸公司，將藥物轉售給屬下祝興洋行，再由祝興分售給其他零售商，以此降低稅負，得以獲取三重利潤。

　　張玉麟經營西藥，家財漸豐後，便轉投地產業。他從港府 1954 年
興建北角邨的例子中得到啟發，認定港島東部具有發展商住樓宇的優厚
潛力，遂於 1955 年透過旗下的錦興置業有限公司，向英國卜內門化工
原料有限公司（ICI）購入百德新街的貨倉用地，通過出售樓花來擴充
資金，最終把這裏發展成為一處高級商住區域。一位久居銅鑼灣的老街
坊這樣憶述百德新街的原先景貌：

　　　　〔我在 1939 年出生後〕一直住在銅鑼灣，即現在的百德新街
　　〔一帶〕，那地區是租「ICI」，即是「卜內門」。……那時是租塊
　　地自己起倉，一租租十年，十年再批，就一直租，租了就自己
　　起，起了後就一直做生意，……〔我出生時，住的屋是〕一層
　　的……，附近一帶都是這樣，……我附近就是一些賣建築材料、
　　廠房呀、化工廠呀、加工廠等，……〔我住的屋，……屬於「卜
　　內門」的，它是英國〕大公司，與怡和即渣甸在燒炮一帶，即現
　　在 Sogo〔及毗鄰地段〕；那兒是屬於渣甸物業，後來，大丸之後
　　那羣大廈，就賣予錦興置業公司，約三百萬，在英國成交。〔住
　　附近的是住尖頂屋，〕商家來的，有做建築的，做生意的，賣木
　　材的，都是這些舖。……那時治安很好，即百德新街一進去，有
　　趟鐵閘，即六時才開始有人看更，夜十二時閂，鎖了後不讓人內
　　進，……鄰近是裕華、泰興利木廠、生合建築公司，我們的公司
　　（生和泰），整塊地是「ICI」卜內門的，百德新街另一邊就屬於渣
　　甸的。〔大丸那邊又怎樣？〕大丸這一帶就屬於渣甸的。崇光這一
　　塊空地中間有枝升旗，後來拆了，升怡和旗，後來百德新街對開
　　有一尊炮，後來將炮搬去告士打道，後來搬近海濱……。[4]

　　從上所見，戰後的百德新街仍是一處工業和倉棧區，張玉麟家族購
入地皮後，才改變其用途。為了令百德新街變得繁盛，從而提升區內的

把百德新街由舊倉棧區改變成新穎商住樓宇區的發展商張祝珊家族，圖中前排左起為張玉麒、張玉階，後排左起為張玉麟、張玉良。

售樓價格，張氏通過好友利銘澤，認識了精通日文的華商劉火炎，並經劉氏穿針引線，與日本大丸百貨公司攜手合作，在新開發的百德新街多幢樓宇之間引入大丸百貨公司。計劃拍板後，日資大丸百貨便在 1960 年落戶百德新街，從此成為該區一個歷久不衰的地標，而這次港日合作，也把銅鑼灣的開發歷史帶進一個新紀元。[5]

　　至於百德新街一名的淵源，也與早期落戶銅鑼灣的怡和洋行有密切關係：「歷史上，東角原是一處倉庫及工業區，鵝頸至東角一帶煙寨如林，其中較著名者有東角糖廠、香港紡織公司、香港人造冰廠、卜內門公司貨倉等。百德新街在戰後才開闢，正如銅鑼灣不少街道一樣，百德新街也是以渣甸洋行大班命名，百德新（J. J. Paterson）是威廉‧渣甸的胞妹珍‧渣甸（Jean Jardine）的後人，1921 年當上渣甸洋行的董事，後更擢升為香港渣甸洋行的大班，也是立法局的非官守議員。百德新不單止長袖善舞，也是一位個性堅毅的軍人，據知他在第一次世界大戰時

曾立下戰功。二戰爆發時，他已五十多歲，但仍率領一批年紀相若的義勇軍守衛北角電廠，抵抗日軍，1941年12月19日，日軍登陸北角，百德新及同袍共同抗敵，不幸被俘，被拘禁於赤柱集中營。香港重光後，百德新退休回國，頤養天年，他的名字則留在銅鑼灣，成了這條街道的名字。」6

百德新街的居住環境和鄰近景致又如何呢？且聽聽丁新豹博士憶述他在百德新街的童年和少年歲月：

……1955年及1956年，來自廣州的張祝珊家族第二代張玉階、玉麟兄弟……購入百德新街貨倉用地，開發為商業及住宅，建成樓層、間隔相若，外牆色調一致的大廈，是私人發展高級屋宇的鼻祖。由於面積寬敞、有闊大的露台，瀕海者更可享有維港美景，落成時頗受歡迎。……猶記得，在60年代，百德新街的盡頭是避風塘，岸邊有個小碼頭，是艇家上落之處，每天華燈初上，總有三兩漁孃，倚着欄杆，向往來的人招徠：「先生、小姐坐艇呀？」明月當空的夏夜，三兩知己泛舟塘上，或促膝談心，或品嚐海鮮，或當顧曲周郎，燈影槳聲，頗有昔日省城荔灣之餘韻，……可惜銅鑼灣填海後，避風塘面積大減，加上水質污染，別饒風味的避風塘「遊艇河」乃成絕唱。避風塘有恬靜的一面，也有風起雲湧的時候，每當風球掛起，……外出作業的漁船便紛紛歸航，魚貫而入，……累積了豐富的觀天經驗，什麼「魚鱗天，不雨也風癲」、「天上鯉魚斑，明日曬穀不用翻」一類天氣諺語，都是從漁民口中學會的。……每當八號風球掛出後，艇家都蓄勢以待，用繩纜把一排排的漁船繫成連環船……；在九號風球懸出後，艇上的老弱婦孺便會收拾細軟，登岸避風，剩下男人留守，漁孃衣履盡濕，瑟縮在大廈電梯大堂一角哺乳，老嫗擁着

今日的百德新街羣樓矗立。

小孩而睡的景象，多少年揮之不去。但步進了70年代，填海後的
避風塘面積已大幅縮小了，不少漁舟也只好另覓避風港。[7]

四十載匆匆而逝，丁氏也感慨時光荏苒，避風塘的燈影槳聲早已如
煙散，只餘下渣甸洋行仍維持着百年的傳統，在每天正午鳴炮報時，周
而復始，仿佛歷史餘音。

「大馬騮」大丸百貨公司

百德新街住宅區建成後，1960年11月3日，銅鑼灣迎來了一大盛事——大丸百貨公司（Daimaru）在百德新街隆重開業。大丸開業前後，其電台廣告——「香港大馬勞大丸百貨公司，⋯⋯請來大馬勞啦！」——已傳得街知巷聞，時人更一度笑稱Daimaru為「大馬騮」，把電台廣告戲稱為「香港大馬騮大丸百貨公司，⋯⋯請來大馬騮啦！」大丸的名字遂更深入民心。

在成立初期，大丸的資本據稱約為三百萬港元，主要來自日本大丸總公司及張玉麟家族的投資。公司佔地約八萬呎，共有兩層，分為三十多個設計新穎的櫥窗，地下一層設有飾物、皮鞋、漆器、陶器、食品、日用品、化妝品、文房用品、玩具及廚房用品部門，二樓則售賣嬰兒用品、寢具、男女服裝、電器用品、唱片及地毯，另外還設有陳列室、茶樓及餐廳等。顧客對象初期以中產家庭及日本遊客為主，貨源也大多來自日本。從報章廣告所見，先後有以下產品在大丸百貨公司陳列室作展銷：東洋尼龍株式會社的尼龍產品，松下電器產業株式會社之新式家庭電器，日本毛織社出品的毛織品等。此外，大丸還舉辦多個大型日本貨品陳列及展覽活動，推介日式衣着及電視、電飯煲等最新電器產品，也舉辦女性化妝示範講座，在香江掀起一股日本百貨和家用電器大舉登陸的熱潮。[8]

大丸在日本有悠久歷史。據稱在1717年，一位名為下村彥右衛門的商人在京都開設了一家吳服店，提出「先義後利」的口號，走中低檔的銷售路線。在江戶時代，它開始了品牌營造的工作，其門市備有印上「大丸」商號名稱的出租傘，既可供顧客使用，也為店舖作免費宣傳，

「大馬騮」大丸百貨公司在1960年落戶銅鑼灣，為日資百貨登陸香江掀開了序幕，圖為大丸開業時在報章上刊登的廣告及啟事。左下為大丸吳服店在日本報章的廣告。

另外它亦採用了印有「大」字商標的包袱供顧客和員工使用,作流動推銷。大丸店的後人於 1907 年創立股份公司「大丸吳服店」,同時將總店由大阪遷移至人口急速增長的東京,並陸續將東京、大阪、名古屋等分店改裝,採取洋式開放陳列的售賣方式;又制定店舖守則,規範員工的服務態度。為了吸引一般家庭消費,百貨店內設有兒童娛樂場、餐廳和舞台,更在屋頂開設了滾軸溜冰場,試圖以洋式百貨店的經營模式來吸引新一代的顧客。為廣客源,它還提供免費送貨服務,鼓勵大額消費。自 1920 年代中,它更廢除了顧客脫鞋入店的傳統,與西方百貨店看齊。至於海外擴張方面,自 1960 年在香港開設分店後,大丸也先後在曼谷、新加坡和墨爾本開設分店,希望在各地落戶生根。9

落戶香港後,大丸的經營決策仍多由日本母公司負責,管理層則加入了香港本地人士,在早期受僱的570多名員工中,只有十多人是由日本總公司派遣來港,10 如在 1960 年代,大丸總公司派遣飯守治雄擔任香港分公司的總經理,另委任華裔日本通劉火炎擔任經理,售貨員方面則多在香港招聘。11 除了沿用傳統的日本銷售方式外,大丸也推行一連串革新,改變了香港昔日的零售業傳統:自1961年起引進「分期付款」的銷售方式,大力鼓勵顧客購買日本電器,令日本家電(如電飯煲、電視機等)攻進了香江的大家小戶;稍後更引入免費送貨服務、電話購貨和禮券制度,讓顧客能憑着禮券兌現貨品,對傳統華資百貨公司帶來一連串新挑戰。12 1960 至 1973 年間,大丸可說是香港一枝獨秀的日資百貨公司,在這段時間裏,它仿佛領頭羊,在香江帶動起多股的東瀛消費風尚。13

「東方之珠」、「購物天堂」

隨着東瀛消費風尚登陸香港，加上戰後香港旅遊業急速起飛，銅鑼灣也在商國綻放異彩。自二戰後，港府察覺到旅遊業的發展潛力，遂着手開拓這一新商域，例如在 1957 年，香港旅遊協會成立，專責向海外旅客推廣香港作為「東方之珠」、「購物天堂」的品牌形象，一時間，香江仿佛成了西方旅客來到東方獵奇和購物的要站。與此同時，港府也着手籌建汽車海底隧道，連貫起香港島和九龍兩地。計劃經多年討論，1969年正式施工，1972年落成啟用。這條海底隧道不單連貫起紅磡和銅鑼灣，也進一步推動銅鑼灣發展成一處消費熱點、購物天堂。 1969年，一位報章記者以〈配合海底隧道興建　銅鑼灣成新旅遊區　應建新型一流酒店〉為題，記述銅鑼灣面臨劇變前的一刻，投機氣氛漸漸熱鬧起來：

> 貫通港九之海底隧道興建後，外傳銅鑼灣、灣仔地區，將有四家新型酒店計劃興建。據地產建設商會秘書、利興置業有限公司總經理胡漢輝昨接受香港電台訪問時透露：本人對於此說未有詳細資料，不過本公司經營位於銅鑼灣大丸百貨公司側之珠城大廈，確曾有海外財團接洽，擬全購入六樓以上住宅，改作高級酒店。……14

順應這股熾熱的投資氣氛，銅鑼灣大地主之一利希慎家族也在1970年代成立興利建設有限公司，專責地產發展項目，並陸續在希慎道上興建希慎道1號、禮頓中心等大型商廈；15 而1971年落成的利園酒店，共有九百多間房間，成為當時香港少數具有國際水準的酒店。其建築師甘洺的故事，可參見本書第三章剪影二。

1920年代的半島酒店宣傳海報。洋旅客與華人車伕的裝束、人力車與
洋汔車的對比十分鮮明。

戰後的銅鑼灣漸成為一處羣樓矗立的商業和住宅區。

英資怡和旗下的怡東酒店，酒店內的酒吧一度取名為「午炮吧」（Noon Gun Bar），反映了怡和在銅鑼灣遺留下的點點歷史痕跡。

仿大阪「阪急三番街」的銅鑼灣「食街」

進入 1970 年代，在百德新街羣樓之內，與大丸為鄰的另一消費熱點也迅速興起，成為一處遊客新熱點，這新地標就是以食肆林立而聞名的「食街」(Food Street)。自 1976 年正式開幕後，這條「食街」便成了旅行團的遊覽重點，招徠各方饞嘴客。隨「食街」聲名鵲起，其原來的名字「厚誠街」反被不少遊人所遺忘。其實，這條街道全長約只有三百多呎，與百德新街、加寧街平行，原本只是百德新街八幢大廈的後巷，大廈發展商張玉麟家族將樓上住宅分層出售後，地下舖位則出租給多家店號，但多年來均未着意為街道上的各式舖號包裝出較統一的宣傳形象，用以確立整條街道的消費品牌，招徠顧客。

紅磡海底隧道通車，銅鑼灣加速成為消費熱點後，街道業主漸漸察覺到「街道品牌」的商業潛力，遂借鑑日本大阪的阪急三番街塑造品牌的例子，陸續把舖位收回，然後以「食肆雲集」作宣傳點，招攬各式食店入主，並成立一家「食街集團」，由一個飲食中心有限公司來管理，屬下會員包羅三十餘家食肆及餅店。通過這些嶄新管理模式，為「食街」剪裁出新包裝，樹立獨特品牌形象。1978 年，《華僑日報》記者專訪了這個旅客新熱點，細述了「食街」的個性：

銅鑼灣食街自開業以來，頗受本港飲食業人士矚目，查該食街共設有食肆十二間，其中十間早已開業。風格獨特，每家食物，品質不同，林林總總，多姿多采，點心小廚中式自助餐，鳳凰粥麵，好仕登賣西餐，百賽賣扒類，美景西式快餐，蓬萊屋日本菜，碧莎屋意大利餐，喜年來賣西餅麵包，性質各異。〔在近期，〕食街中經營台灣菜之青葉菜館昨又開業，特聘台灣名廚師

來港主理廚政，聞該店所製雞卷、燻雞、花枝丸、咕嚕肉、糖醋魚片等，均屬正宗台灣名菜，曾往嘗試者皆一致讚賞，該店又有番茨（番薯）粥，每碗只售八毫，可謂經濟實惠云。[16]

銅鑼灣厚誠街被包裝成「食街」，化身成一處旅客熱點，也得依賴香港特殊的歷史條件：戰後香江經濟起飛，南北東西各菜系匯聚於此，中式、日式、俄式、意大利式、台式食肆先後落戶，而旅遊協會也順應此勢，把香江宣傳成一處「美食天堂」。得此天時地利之助，不少風格獨特的食肆品牌便先後冒出頭來，各憑「招牌菜」招徠食客（有關中西菜系如何落戶香江的故事，可參看本書第五章剪影四）。

進入1980年代，沿襲厚誠街被包裝成「食街」擦亮品牌的經驗，鄰近的百德新街又包裝出一個較統一的消費形象，邀來全港著名的品牌和食肆作租戶，變身成為一處「名店街」，掀起一股年青趨時的消費潮流。「名店街」和「食街」，加上毗鄰的大丸、松坂屋等日資百貨公司所凝聚的力量，吸引了大批遊人，百德新街一帶也成為銅鑼灣區內的消費熱點。

百德新街羣樓之內的「食街」。

百德新街羣樓之內的後巷厚誠街，自 1970 年代由名不見經傳的巷道變成「食街」（Food Street），成為繁華的食肆熱點。

今日的「食街」。

四大香港日資百貨

　　1960年代末，大丸在銅鑼灣開幕，為香江掀起了一股東瀛消費潮，隨這股日本風捲起，三越、松坂屋、崇光等日資百貨公司紛紛落戶港島，銅鑼灣的面貌也出現劇變。大丸可說是香港日資百貨公司的鼻祖。在此之前，先施、永安、大新、瑞興等華資百貨公司一度各領風騷，而大丸開業則標誌着香港百貨業的變臉。在大丸開業前，銅鑼灣的繁華程度還不及北角，更遑論中環。今天香港大廈的位置，仍是一片舊宿舍地皮，興利大廈的位置（即前三越百貨公司所在地）更是一片荒山，百德新街也只是一大片貨倉區，待三越、松坂屋、崇光魚貫登陸後，配合鄰近的樂聲、豪華、京華和紐約戲院，銅鑼灣才由一處倉棧區搖身變成繁華的購物熱點，添上一層「小銀座」的氣息。[17]

松坂屋故事

　　大丸百貨自1960年在銅鑼灣開幕後，即為香江零售業帶來一股新氣象。在1970年代，隨着香港經濟高速增長，加上日本配音電視劇如《柔道龍虎榜》、《猛龍特警隊》等在香港受到熱捧，日資代理商贊助的電視遊戲節目如《花王俱樂部》、《星寶之夜》等又大受觀眾歡迎，東瀛之風熾盛一時，大量日本貨品和家用電器也攻進香江，改變了大家小戶的生活面貌。

　　步進1975年，松坂屋登陸銅鑼灣，頓時成為大丸的勁敵。松坂屋一如大丸，在日本有逾百年歷史，但到1940年代末才正式招股上市，壯大實力。其經營方式與大丸頗為接近。在香港，松坂屋曾於1981年在金鐘新建成的金鐘廊內加開一家分店。然而，隨着香港經濟增長放緩，加上日本泡沫經濟急速爆破，松坂屋在1990年代連年錄得虧蝕。

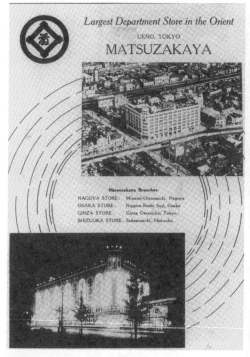

日本松坂屋的開業廣告。

香港松坂屋原址今天已變成了人流暢旺的恆隆中心。

為延緩衰退之勢，總公司唯有縮減海外業務，繼 1995 年結束金鐘分店後，1998 年又關閉了位於銅鑼灣的旗艦店，全面撤出香港。人去樓空後，銅鑼灣店原址已被改建成今日的恆隆中心，正式結束了松坂屋在香港的光輝歲月。

利氏與三越

　　日資百貨公司登陸香港背後，銅鑼灣老牌商人利氏家族也扮演了重要角色。回溯前塵，年輕的利銘澤在英國牛津大學唸書時，與一位日裔同學小池厚之助結成友好，兩人畢業後一直保持聯繫，小池先生後來當上了日本山一證券公司的管理層，而大丸百貨公司於 1960 年落戶銅鑼

結業前的三越百貨公司。

灣，正是由利銘澤在日商圈子內穿針引線，引介「日本通」劉火炎來擔任經理。其後，香港日本人學校的興建也是得力於利銘澤的協助，利氏亦因此獲得日本天皇頒發三等瑞寶勳章。1970年代，利氏更一度兼任山一國際（香港）有限公司副主席。1981年，位於軒尼詩道的興利中心（利氏旗下物業，建築師為甘洺）落成時，利氏原意是把大廈底層用作上演粵劇及國樂表演，但日本三越百貨公司剛好在香港尋覓舖址，開業經營，人流旺盛的銅鑼灣正是合適選址。近水樓台，三越便落戶興利中心，而日本人俱樂部及日本商會也連帶設於此中心內。[18]

1981年8月，三越在銅鑼灣興利中心正式開幕，成為港島一處購物熱點，其日文書店除吸引日僑光顧外，也成了不少香江年輕人吸收東瀛文化的平台，加速了日本偶像文化席捲香江。1988年，三越在尖沙嘴太陽廣場開設第二分店，希望進入中高檔市場，而銅鑼灣店則轉走年輕人路線，引入Ice Fire和Benetton等青年人青睞的品牌，成功吸引到不少年輕消費者。

大丸早期的廣告。

　　但三越登陸香江開拓版圖的同時，日本本土市場的形勢卻漸漸逆轉，如在 1980 年代末，三越在日本的銷售額已被西武超越，在十大零售企業中一度只能排行第六位；在 1990 年代，由於三越開發了飲食、旅遊、證券等業務，百貨業的營業比重已降至八成以下。隨日本泡沫經濟爆破，三越在高爾夫球場等投資項目接連失利，為減低經營成本，日本三越開始與大丸等公司攜手，聯合採購貨品。自 1997 年，日本增加銷售稅，百貨業更是雪上加霜。

　　在香港方面，隨租金上漲、遊客減少，三越的零售業務慢慢萎縮，尖沙嘴店於 1995 年關閉，而銅鑼灣店自 2000 年起也將營業面積大幅縮減。至 2006 年 9 月，隨興利中心重建，銅鑼灣三越只好關門結業，宣告暫別香江。

大丸的演化

　　自 1960 年落戶銅鑼灣，大丸便仿似日資百貨公司的領頭羊，不斷在港推陳出新。進入 1980 年代，隨着東瀛風尚在香港漸漸高漲，為迎

戰新對手，大丸在 1984 年擴充業務，在銅鑼灣京士頓街開設新店。為了分流顧客，百德新街的舊店被重新定位，成為時裝廣場，以銷售服飾為主；京士頓街新店則被定位為家居廣場，內有超級市場、新鮮食品和家庭用品等多個攤位。1980 年代中期，由於日圓不斷升值，日本貨品進口香港的價格也迅即攀升。為了防止貨品售價暴升，嚇跑消費者，大丸在採購來港的貨品中，只好逐步下調日本貨品的比例。

隨着時代轉變，大丸也試圖更新形象，迎合年輕人的消費品味，如在 1990 年重新裝修，Christan Dior、Bally、Chanel、YSL 等傳統品牌先後遷出，代之以 Jessica、Anne Klein 等較年青的品牌；不少舖面櫃位也易容變臉，大舉年輕化。1992 年，大丸再次推行革新，改以採購中價貨品為主，務求維持舖面收入，支撐大局，另又把大丸分作新舊兩翼，舊翼多以寄賣形式租給商戶，新翼地庫商場則自行經營。不過，這種種變革卻未能挽救頹勢，大丸的營業額仍不斷下跌。

1995 年神戶大地震後，大丸神戶店受到嚴重破壞，業績更是雪上加霜。[19] 1998 年，在重重逆勢下，大丸重整全球業務，先後將法國、香港及泰國多家分店結束，只留守在日本本土經營，這家老牌日資百貨從此告別香江。但時至今日，港島北岸由中環開往銅鑼灣的小型巴士，車頂上的燈箱仍是以「大丸」站作為終站名稱，「大丸」在港人心中的地標功能可說並未完全消失。進入二十一世紀，香港年輕歌手組合 Twins 的流行曲《下一站，天后》中，便有以下的歌詞：「站在大丸前細心看看我的路」，歌詞中所指的「大丸」，正是這處銅鑼灣的老地標。[20]

崇光故事

　　崇光的故事與大丸、三越稍有不同。它於 1985 年登陸銅鑼灣，是一家在香港自置物業的日資百貨商，其舖址正好在三越對面，隔着軒尼詩道，與三越各據一方。為免租金起伏影響經營的穩定性，約十層高的商廈均為崇光自置物業，其營業範圍遍及衣食住行各項生活細節。其後，崇光更收購了鄰近舊樓進行擴建，又興建地下隧道，連貫起銅鑼灣

大丸結業後，原址已變成了今天的「名店廊」。

今日崇光。

地鐵站,把人流引入百貨大樓之內。為了吸引消費者,新店內設立更多專營櫃位,租予各大著名品牌,進一步改變了傳統百貨業自行採購貨物的經營方式。[21] 但在 2001 年,由於日本崇光債台高築,日本總公司只好宣佈破產。香港方面,則由「華人置業」大股東劉鑾雄和「新世界」主席鄭裕彤聯手,購入銅鑼灣的崇光物業。[22] 這次易手,也仿佛象徵了日資百貨在銅鑼灣的急流勇退。

表 4 落戶在銅鑼灣的主要日資百貨公司

店 名	開業年份	結業年份	營業地區	營業位置
大丸 (Daimaru)	1960	1998	銅鑼灣	舊大丸 (婦女廣場): 百德新街
	1983	1998	銅鑼灣	新大丸 (家居廣場): 京士頓街
松坂屋 (Matsuzakaya)	1975	1998	銅鑼灣	今恆隆中心
	1981	1995	金鐘	金鐘廊
三越 (Mitsukoshi)	1981	2006	銅鑼灣	興利中心地面 及地庫兩層
	1988	1995	尖沙嘴	太陽廣場
崇光 (Sogo)	1985	-	銅鑼灣	崇光 (自置物業)
西武 (Seibu)	1991	-	金鐘	太古廣場
	1997	2006	銅鑼灣	皇室大廈

資料來源:整理自葉天蔚:〈日資百貨進佔香港〉,《廣角鏡》,256 期(1994 年 1 月),頁 90-91,以及多份報章刊物的資料。

二戰期間，在新馬和香港等地流傳的日本宣傳單張。

　　2006 年，香港日資百貨公司的故事仿似走到了末段：9 月 17 日，
銅鑼灣三越關門前，日本管理層率領員工在閘門前列隊，深深鞠躬，告
別顧客，結束了在香江二十五載的浮華故事。

　　自 1990 年代，由日資百貨公司帶領的消費熱潮雖漸已回落，但銅
鑼灣依舊熱鬧非常，只是它的商國版圖已重新劃定，消費者川流不息，
不少連鎖式店舖也在這裏落戶。一名財經記者更在 1998 年觀察到「個
別店舖更每隔三、四舖位便開設兩間分店」這一有趣景象，感嘆街道景
觀變得愈來愈相似和統一。[23] 如下章所見，自 1990 年代中，銅鑼灣將
迎來另一浪的商國熱潮，而分別在 1993 及 1994 年開幕的時代廣場和利
舞臺廣場，也恰似為這個商場時代掀開了序幕。

剪影三 「三越」故事

2006 年 9 月 17 日，銅鑼灣三越百貨公司關門前，日本管理層率領員工在閘門前整齊站列，深深鞠躬，告別顧客，結束了在香江二十五載的故事。翻閱歷史，三越的故事原來可追溯至三百多年前，更見證了東西方商脈如何接軌。

◇ 「三越家」

三越的故事可溯至1673年的江戶。當時，商人三井高利開設了一家「越後屋」吳服店，經營「西陣織」和服生意，並提出「誠心誠意」的宣傳口號，遠近馳名。1872年，吳服業務脫離三井家，獨立成為「三越家」後，一連串改革接踵而來，例如：在「三越家」店門前掛起「現金交易，不要謊價」招牌，改變了當時在年中、年尾才兩次結算的賒賬習慣；借鑑西式經營方式，在十九世紀末，把本店二層改裝成陳列場，引入陳列售賣方式，採用玻璃櫃台和現代櫥窗；一改以往透過批發商入貨的做法，直接向製造商購貨，減低成本；採用西式會計系統記賬，並用固定薪金聘請高學歷人士，改變以往員工只獲季節性報酬的舊傳統；1899 年發行旗下宣傳雜誌《衣裳》，介紹服裝潮流；同年，在火車站候車室擺放宣傳廣告板，在《朝日新聞》頭版刊登廣告，更曾在富士山的山頂擺放了一張名為「日本第一」的海報，擦亮自己的品牌。

◇ 「會買東西是家庭的幸福」

進入二十世紀，三越加速了變革的步伐。除招募了二十多名女店員，規定員工不需按昔日舊習入住店舖外，又從歐洲購入一輛貨車，車身印上「三越」的名字，穿梭於東京街道，用作宣傳和接載顧客。1904年改組股權，正式成立三越吳服店株式會社；翌年 1 月，在全國主要報章刊登「百貨商

歷史悠久的三越百貨公司，由傳統的日式吳服店轉化成經營手法西化的跨國名店。

店精神」，宣告「本店出售的商品，今後要進一步擴大經營品種，…… 最終目標是要達到像美國的百貨店一樣」。為達此目標，自1907年起，三越在店內開設餐廳，提供日式食品、西式蛋糕、咖啡及印度茶，同時在百貨店屋頂築起庭園，名為「空中庭園」，擺設假山、水池、樹木及盆景；又引入洋貨，如洋傘、鞋襪及頭飾，並從英國引入西式服裝、照相機、食品、傢俬、陶瓷、手錶等。1913年起更與製造商合作，創立自己品牌的食品、家庭用品、手袋、圍巾、化妝品、西式服飾。隨後，三越又打出「會買東西是家庭的幸福」、「要把珍貴的錢拿來買好東西」、「今天去帝國劇場，明天去三越」等宣傳口號，廣作招徠。1925年起，廢除顧客進門脫鞋的傳統制度，象徵着三越正脫離傳統日式店戶的經營模式，邁向西化。

三越走的是高檔路線，銷售對象多以京都貴族及商人為主。明治時期，隨東京人口的急劇增長，三越亦轉以東京高級住宅區居民為銷售對象。但1923年的關東大地震使三越新館全座被毀，三越也漸漸轉向大眾化路線，在新宿、銀座等地區開設分店，售賣廉價日用品。

在海外擴張方面，溯自1906年，三越已在韓國開設分店；其後更把業務擴展至大連、夏威夷。三越海外經營的閱歷，可說是豐富多采，來到1981年，三越更落戶香港銅鑼灣，躋身「四大香港日資百貨」之列。[24]

小結：「大丸」—— 無形的地標

自 1960 年代，日資百貨公司登陸香江後，銅鑼灣便添上了一抹東瀛風貌。但到了二十世紀末，隨着日資百貨掀起的消費潮流回落，日資百貨公司也如骨牌般倒下，逐一撤離了香港。此後，大型商場（如在1993年落成的時代廣場）仿佛填補了日資百貨公司留下的商國位置，成為銅鑼灣新一代的地標，引領着年輕一輩的消費時尚。歲月留痕，雖然「大丸」百貨已在1998年結業，但時至今天，不少駛往銅鑼灣的小型巴士仍然掛着「大丸」這個昔日的站名牌，開往一處不再存在的目的地。

大丸百貨結業多年後，駛往銅鑼灣的小型巴士仍沿用「大丸」這個昔日的站名牌開往一處不再存在的目的地（此相片攝於 2007 年 12 月的港島中區）

註　釋

1　譚孔文：〈媽姐──《暗示》的前世〉，《藝訊》，2006 年 10 月，香港藝術中心，頁 14。

2　同註 1。

3　整理自作者訪丁新豹博士稿，2002 年 9 月 20日。

4　黃永儉先生訪問記錄，香港大學口述歷史計劃，檔案編號 Accession No：006。黃永儉先生祖籍廣東番禺，1939年香港出生，家裏經營肉桂加工出口，自小居於銅鑼灣。筆者在此感謝香港大學亞洲研究中心冼玉儀博士容許筆者從錄音記錄中整理出這條資料。

5　何文翔：《香港家族史》，頁 181-185。

6　同註 3。

7 同註 3 。

8 譚國治：〈日本在香港的直接投資〉，《香港留日學友會年刊》，1979 年 4 期，頁 19；另見《工商日報》以下日期的廣告：1960 年 11 月 4 日；1961 年 4 月 30 日，10 月 5 日，7 月 15 日，11 月 7 日；1963 年 3 月 6 日。

9 山本武利編：《百貨店之文化史──日本之消費革命》(京都：世界思想社，1999)，頁 212-334；Kerrie L. MacPherson ed., *Asian Department Store* (Honolulu: University of Hawaii Press, 1998)；佐藤肇、高丘季昭著，孫月娜譯：《日本現代百貨店》(北京：中國商業出版社，1984)。

10 Tang Chung Man, A Study of the Business Strategies of Japanese Department Stores in Hong Kong (unpublished thesis, University of Hong Kong, 1990), p.84-89.

11 招聘廣告可參見《工商日報》，1960 年 11 月 4 日及《星島日報》，1960 年 11 月 5 至 8 日；〈日資百貨公司在港發展更形鞏固〉，《香港市場》，50 期，1989 年 12 月 27 日，頁 70；Hung, Hing Lap, "An analysis of the retailing mix of the Japanese department stores in Hong Kong" (unpublished thesis, University of Hong Kong, 1991).

12 廣告見《工商日報》，1961 年 5 月 2 日，8 月 26 日，9 月 22 日，11 月 27 日。

13 Fanny Cheung Sau Ching, "Retailers build solid base in Hong Kong; Japanese department store chains help 'shopper's heaven'", *The Nihon Keizai Shinbun & Japan Economic Journal*, July 30, 1988, p.6.

14 〈配合海底隧道興建 銅鑼灣成新旅遊區 應建新型一流酒店〉，《工商日報》，1969 年 7 月 3 日。

15 1970 年，利氏成立「興利建設有限公司」(資本 2 億元，分為 200 萬股，每股 100 元)，以利銘澤、利孝和、利榮森為主要董事；參見利德蕙：《築橋：利銘澤的生平與時代》(Scarborough, Ont.: Calyan Publishing Ltd., 1998)，頁 90 。

16 〈銅鑼灣區食街 台灣菜館開業〉，《華僑日報》，1978 年 1 月 29 日。

17 同註 3 。

18 利德蕙：《築橋》，頁 8 、89-121 。

19 〈大丸靜靜地起革命 中年婦搖身變少女 松本忠雄滿肚密圈〉，《星島日報》，1993 年 4 月 5 日；〈日資百貨且戰且退 西武加入料掀劇鬥〉，《星島日報》，1996 年 9 月 17 日。

20 Tang, Chung-man, "A Study of the Business Strategies of Japanese Department Stores in Hong Kong" (unpublished thesis, University of Hong Kong, 1990), p.121-122；〈大丸年底結業 遣散 400 員工〉，《明報》，1998 年 6 月 26 日；〈耕耘 38 載傲視銅鑼灣 時勢摧殘無奈別香江〉，《星島日報》，1998 年 6 月 26 日。

21 "Big Japanese stores switch to local lines", *South China Morning Post*, September 8, 1986; " Jumbo Sogo ready to take off next week", *Hong Kong Standard*, November 19, 1993.

22 〈恆隆擬購崇光擴版圖〉，《東方日報》，2001 年 7 月 18 日。

23 〈本港舖租退居全球第三位〉，《明報》，1998 年 11 月 14 日。

24 參見山本武利編：《百貨店之文化史──日本之消費革命》，頁 212-334；Kerrie L. MacPherson ed., *Asian Department Store* 。另見鍾寶賢：〈三越故事與日資百貨業興衰〉，《信報財經新聞》，2006 年 10 月 5 日，感謝該報容許筆者把該篇文章修訂及重用於本書內。

第五章

商場時代 消弭街道？

商場時代
消弭街道？

步進二十世紀末，由日資百貨公司帶動的消費潮流似漸淡出銅鑼灣，代之而起者，是一股由大型商場掀起的消費時尚。[1]當中，由舊電車廠變身而成的時代廣場更成為銅鑼灣的新地標，帶動羅素街一帶舊區高速轉型，隨這股城市「Mall化」的潮流慢慢壯大，不少舊街道也被易容變臉，原有個性悄然消失。

舊街道 vs. 新商場

若要追溯時代廣場的誕生，我們得由羅素街的傳奇說起。時代廣場的原址為銅鑼灣的電車廠，位處霎東街、羅素街一帶。車廠四周原為狹窄的街道，舊式店舖林立，有無數售賣蔬菜、魚肉、家禽、鮮花、生果及各式貨品的檔戶雲集。溯自 1903 年，香港島鋪設電車路軌，德輔道及銅鑼灣路線便是首批完成的路段。翌年，首批電車正是由銅鑼灣區的電車廠開出，駛進金鐘的軍器廠街一帶。從此，這段電車旅程便歲歲年年地延續下去。[2]這座位於銅鑼灣區內的電車廠，可說在香江交通史上扮演了重要角色。

在羅素街度過童年歲月的歷史學者科大衛（David Faure）教授形容銅鑼灣是一處「不論白晝黑夜也不會睡眠的地方」。[3]他自幼居住在羅素街的舊式樓宇內，鄰近為中下階層住宅和消費區域，年年歲歲，日復一日，他在破曉時分總會聽到電車從車廠內開出，在凌晨時段又聽到電車在隆隆聲中回廠維修。自破曉到深夜，車廠鄰近總可找到推着木頭車擺賣小飾物、日常用品、各式雜貨的小商販，還有羅素街旁滿佈大排檔、咖啡攤、小食肆，檔主總是營營役役，忙於售賣咖啡、奶茶、粥粉

進入1990年代，隨多幢巨型商場在銅鑼灣誕生，不少傳統舊街道也被易容變臉，圖中的羅素街便是著名例子。

電車廠被改建成時代廣場後，毗鄰的羅素街也風貌丕變。

時代廣場前身—舊電車廠 （王禾璧攝）

（王禾璧攝）　　　　　　　　　　　　　　　　　（王禾璧攝）

麵飯等廉價美食，不單為坊眾提供一日四餐（早、午、晚餐及宵夜）所需，也令舊街道與鄰近坊眾的生活脈搏緊扣起來，衍生出別具個性的街道景物和社區特色。

其實，羅素街的景象並不罕見，它正是香港典型舊街道的寫照，也成為不少香港人記憶中韻味濃郁的街道景致。[4] 戰後隨着歲月流逝，地價不斷上揚，加上自 1980 年代，地下鐵路等大型運輸系統誕生，其沿線上蓋矗立起多幢大型商場，令不少舊街道悄然消失之餘，也正式宣告香江進入大型商場時代。

商場時代的誕生

進入商場時代，除了香港人的消費模式急速轉變外，地產業也迎來一次大鴻運，例如在1979、1980年之交，在中環地鐵站上蓋地段出現的環球商場，便一度給市場帶來無限希望，一位財經記者記載了當時的盛況：「環球商場自1979年底以雷霆萬鈞之勢，創下平均每平方呎售價一萬元空前紀錄⋯⋯，預售時，大寶地產有限公司董事胡應濱曾以歐美及日本的地鐵站為例，指出這些交通樞紐，均為購物中心的黃金地帶，並預測本港地鐵站之發展亦會相同」，勢之所趨，座落在金鐘地鐵站上蓋的海富商場也成為一時熱點。

但歷史證明，這些樂觀預期最終落空，「環球及海富這兩個座落地

步入1980年代，隨地下鐵路等大型運輸系統投入運作，其車站上蓋地段出現不少大型商場，為香江的「Mall化」時代掀開序幕。圖為位處中環站上蓋的環球商場，開業前它曾為租務市場帶來無限希望。

鐵站上蓋的商場，竟未見客似雲來，反要調低租金，⋯⋯環球商場今年開幕以來，期望中的興旺情況並沒有出現；相反地，商場內僅有極少部分的店舖開業，顯得頗為冷清」，[5] 但環球商場毗鄰的置地廣場、海富商場毗鄰的金鐘廊和太古廣場，人流和舖戶卻愈來愈熾盛。地產商漸漸認定，除了地利外，商場的樓面寬廣、裝潢設計、檔次和形象包裝等環節，內裏也大有文章，極需一番講究。銅鑼灣時代廣場的發展商九龍倉集團，更自稱是一個包裝商場的強手。

新的營運法：「一站式購物」？

時代廣場的誕生，或可由其發展商九龍倉集團的故事說起，而九龍倉發展商場的歷史，也可說是一部香港人消費模式轉變的活記錄。該公司的創辦人保羅・遮打（Catchick Paul Chater，1846－1926）為亞美尼亞人，出生於印度加爾各答。1864年來港後，充當金銀經紀，並在1871年創辦香港碼頭貨倉有限公司，初期在灣仔海旁興建碼頭貨倉，到1886年又與怡和洋行攜手合作，成立香港九龍碼頭及倉庫有限公司（Hong Kong and Kowloon Wharf and Godown Company Limited，簡稱九龍倉），在尖沙嘴沿海地段興建兩座碼頭，旗下也有不少鄰近交通要津的倉庫、碼頭和酒店，正好為九龍倉在戰後轉向發展商場業務奠下基礎。[6]

九龍倉集團的奠基人保羅・遮打，其發跡史充滿傳奇色彩。

九龍倉集團自稱是香港商場發展的領導者，更宣稱在香江開拓了「一站式購物」的商場模式，發展至今，旗下經營的商場大多位處地鐵站沿線或海陸交通要津，若按建成時序來排列，先後有海運大廈（Ocean Terminal，1966年建成）、海洋中心（Ocean Centre，1977

年建成）、海港城（Harbour City，1981/83 年分段改建成）、時代廣
場（Times Square，1993 年建成）、荷里活廣場（Plaza Hollywood，
1997 年建成）、海港城二期（Gateway II，1998 年改建成）等。

九龍倉發展時代廣場的靈感，可説來自其早年在尖沙嘴海旁，開發
「海港城」的先例。海港城的原址為廣東道的倉庫區，鄰近一帶舊商舖
密集，樓房也頗為陳舊。且聽一名老香港憶述其所見所聞：

> 香港開埠後，利用其港口的優越性，成為亞歐、亞美、亞澳
> 各大洲的航路轉運站。因而船舶麇集，百貨充闐。使轉運、待運
> 之貨，急切需要大量的貨倉為之存貯。……九龍貨倉是香港地區
> 貨倉中面積最大、業務最多者，位於尖沙嘴廣東道，一邊靠近九
> 龍倉大碼頭（是三四萬噸的皇后船、總統船等停泊的碼頭），一
> 邊接近廣九車站，並築有輕便鐵路由碼頭直達貨倉，轉運貨物，
> 最為便利。在1941年前，九龍倉的建築物頗不一致，有平房，有
> 樓房，進倉出倉的運輸，多是人力，多用起重轆轤滑車上落。九
> 龍倉的總經理由英人充當，其下有大寫（秘書長）、核數師、司
> 庫等西人高級職員，華人文員亦不少。僱有管倉多人，負責貨物
> 進倉、出倉事宜。門衛由印度人擔任，荷槍巡邏，守衛森嚴。[7]

據「九倉」管理層憶述，廣東道鄰近的街道原本滿佈咕喱館、樟木
舖等各式舊店，街道外觀較烏黑陳舊，海港城大樓為了提升商場格調以
招徠商戶，便特意在建築設計上刪去了開設在地面一層的街舖，把商場
營造成一處密封的購物空間，盡量令商場內部自成一格，跟外面的喧鬧
街巷絕緣，避免與外在環境產生交流混集之感。海港城啟業後，對周遭
街道起了催化作用，鄰近街舖迅即成為國際品牌爭相落戶的名店街。九

龍倉由此取得靈感，希望海港城的模式能在羅素街的窄路舊街上重現，於是把同樣的策略移師到銅鑼灣，時代廣場正是重要試點。[8]

時代廣場的故事

　　若要溯説「時代廣場」、「利舞臺廣場」如何誕生，我們或可由它的幕後功臣——建築師説起。有關香港建築史的著作甚少，以建築師的背景作粗疏劃分，主要可分作四組：（一）來自英國，如 Pamler and Turner，作品有舊渣打銀行和至今尚存的畢打行，旗下的華人建築師關秉湰正是「月份牌王」關蕙農的後人；（二）來自上海，如甘洺，在利氏家族支持下，設計了不少利氏在銅鑼灣的物業；（三）來自華南，如鍾華楠，其父是廣州大承建商（曾興建著名的愛羣大廈），在嘉道理家

1993 年誕生的時代廣場，迅即成為銅鑼灣的新地標。

族支持下，鍾氏設計出山頂的「老襯亭」；（四）1950年後，香港大學創辦建築系，培育出一輩本土建築師，首屆畢業生如伍振民、歐陽全等，旗下建築師樓的代表作品正是時代廣場和利舞臺廣場。

1970年代，「香港電車」與「聯邦地產」（這兩家公司同屬會德豐集團旗下）一度攜手，計劃在銅鑼灣舊電車廠地段發展小型住宅樓宇，當時估值約為7,500萬元。1978年，包玉剛從李嘉誠手上購入大量九龍倉股票（當時的九龍倉控制權仍在怡和旗下的置地公司手中），[9] 包氏的女婿吳光正於1979年加入九龍倉管理層，他認為電車廠位處銅鑼灣重地，如羅素街的例子所見，商舖的營業時間可以延長至深夜，零售業務應該更有可為，於是提議修訂重建計劃。剛巧當時因為石油危機引發經濟蕭條，形勢逆轉，怡和、九龍倉主席紐比金（David Newbigging）同意改變原來的重建計劃。1980年包玉剛全力收購九龍倉，晉身成為大股東後，更在1985年收購了會德豐，令電車廠的業權全數由九龍倉持有。在這形勢下，築建商場的大計便得以實施。

九龍倉汲取了早前在舊倉棧區營建「海港城」商場的經驗，計劃以相似的策略包裝銅鑼灣舊車廠區。建築設計方面，覓來了著名華人建築師樓王歐陽公司負責。據建築師憶述，設計工作不無困難，例如因地形局限，加上四鄰街道較狹窄擠迫，時代廣場不能像其他傳統商場（如太古廣場）般，採用橫向發展的策略，唯有採用「裙樓」式建築，配合兩座高低不同的塔樓，再以垂直玻璃幕牆來連貫起塔樓及裙樓。為了遷就四周較狹窄的街道，時代廣場首層採用開放式庭園設計，希望舒緩羅素街、霎東街的擠迫感覺，另又引入了全港首部巨型室外電視幕牆，希望仿效紐約時代廣場，發揮匯聚人流的效應，在元旦、農曆新年等重要節日凝聚遊人，前來參與倒數盛事。此外，它還仿效尖沙嘴海港城門前

「五枝旗杆」的例子，特意營造一處相似的地標，充當人流約會的集合點。由於廣場位處舊區，為免與外面的街道環境造成混和交雜，恰如尖沙嘴海港城，商場的設計特意採取完全密封的方式，沒有天窗或窗戶，希望消費者由扶手電梯登上商場後，即時進入一處完全封閉的空間。這套包裝商場的策略將會被不斷複製，並移植到不少後起的商場羣中。

日本「高島屋」擦身而過

商場是一組硬件，要吸引人流，它還需依賴商戶組合這項「軟件內容」來塑造出整體形象，豎立品牌。在時代廣場開幕前，九龍倉曾與日本高島屋百貨公司接洽，希望順應銅鑼灣當時日本風濃郁的消費潮流，

日本高島屋百貨放棄租用時代廣場後，九龍倉集團覓來同系的連卡佛百貨進駐商場，營造消費品位。為了吸引年輕消費者，商場不時舉辦各式展覽，圖為2008年4月商場為繪本作家幾米籌辦展覽時的景貌。

把日本高島屋百貨邀進時代廣場，使商場變得日本化。就此大計高島屋
曾派員來港視察，但幾經磋商，卻認為商場的周邊環境並不理想。當時
商場附近仍有不少中下層食肆、茶檔和小商號，並不符合高島屋希望樹
立的形象，最終拒絕了這次被視為商機無限的港日合作。由於時代廣場
未能從日本招徠國際大租戶，只好轉而與本土資金攜手，希望在香港覓
來大租戶，接手經營偌大的商場樓面。

1996年，時代廣場低層的空置樓面最終由連卡佛百貨公司入主，藉
此穩住商場的出租率。這所連卡佛分店本來位於銅鑼灣皇室堡，是香港
各家連卡佛店舖中盈利最豐厚的「龍頭店」之一。連卡佛此舉看似兵行
險着——撤離了根基已穩的皇室堡，遷入盈利前景吉凶未卜的時代廣場
——但原來這決策背後，也有清晰的商業計算：連卡佛與時代廣場皆屬
同一母公司九龍倉旗下，可說是同氣連枝，這次合作便希望各得其所，
達至雙贏。[10] 與此同時，九龍倉亦嘗試把尖沙嘴海港城營建高尚裝潢的
經驗，移植到時代廣場，順勢邀來海港城各家名牌租戶，渡海前來時代
廣場開設連鎖店，[11] 為新商場擦亮品牌。

且聽聽九倉管理層憶述包裝旗下商場的經驗：昔日的商場經營多以
「價格指標」（price point）來進行區域劃分和管理，如海港城便是根據
「價格指標」來把同一樓層的商戶分成不同區域，招租給「國際品牌」。
時代廣場由於受硬件（商場樓面較狹窄）所限，不能依靠價格指標來劃
分銷售區域，唯有走百貨公司的概念（一如替顧客「入貨」提供選擇），
於是，管理層把時代廣場塑造成主題購物商場，按照貨品主題來劃分，
把相同類型的消費活動集中在同一樓層，一些佔地較廣但邊際利潤相對
較少（如電器傢俬）的商品，被安排到較高層的位置，衣服首飾這些佔
地較少但邊際利潤較高的商品，則被安排到較低樓層。另外還設立了四

家迷你戲院，以凝聚消費人流。這種按主題劃分的安排，目的是讓消費者以按圖索驥的形式，有計劃地購物，從而吸引各檔次的消費人羣。[12]

商場的鄰居

　　時代廣場在 1993 年誕生後，不僅改變了舊電車廠的面貌，也令銅鑼灣的消費河流改道：消費者紛紛跨越波斯富街這一度無形的分隔線，由外觀時髦的崇光、大丸一帶流進舊樓宇密集的羅素街。勢之所趨，羅素街也出現了新面貌，舖租隨即飆升，傳統食肆要落戶於此，也得要接受昂貴租金。《資本雜誌》記載了老品牌池記麵家在 2004 年的困局：它需要每日售出逾四百碗雲吞麵，方可支撐起每日逾萬元的舖租。池記的故事反映了不少傳統本土舖戶走進銅鑼灣時所遇上的困惑，值得細察：

> 　　銅鑼灣羅素街稱為港島第一街，人流暢旺，也是舖王的集中地。羅素街 50 至 52 號地下 B 舖，目前經營者池記麵家，面積 1,000 平方呎，原由一位葉姓名人於 2000 年 8 月以 4,600 萬元購入，更以月租 30 萬元租出，2004 年 2 月以 7,800 萬元轉售予〔一位〕著名商舖投資者……，呎價 7.8 萬元。池記對面時代廣場，屬港島商業區的地標之一，很多名店，是自由行必到地點，也非常受年青男女歡迎，所以街舖人流有保證。……池記以 30 萬元月租經營，即日租萬元，以每碗雲吞麵 24 元計算，粗略計算，每日要賣出 400 碗麵才夠付租金，這還未計算其他雜項開支，但旺舖難求，麵如輪轉，30 萬元月租確是物有所值。……除了可以賺錢外，連招牌也能大大地宣傳。[13]

　　隨着市場門檻被大大提高，不少傳統本土老店要留駐銅鑼灣也得面

隨商場時代登陸銅鑼灣，典雅華麗的利舞臺戲院也被拆卸，改建成一幢利舞臺廣場，圖為這幢銅鑼灣新地標的內外風采。

對重重困難，反而大型「連鎖式」零售和食肆集團卻源源進駐（有關「連鎖式」食肆的故事，請參考本章剪影四）。2007年初，「池記」也得遷離繁華的羅素街，把舖址讓予能負擔更高昂舖租的連鎖式集團。

除了羅素街易容變臉外，時代廣場毗鄰的利舞臺也在同步變遷。舊利舞臺於1920年代中落成，由一名法國工程師設計，內裏金碧輝煌、雕樑畫棟，是當年港九獨一無二的大劇院，更是利氏「銅鑼灣王國」內最具代表性的建築之一。[14]。但隨着銅鑼灣進入商場時代，希慎興業在1991年向屬下的民樂公司購入利舞臺重建，變身成一幢綜合性商場，[15]但由於其地盤面積較小，加上毗鄰樓宇業主不願意出讓業權，令該地盤呈現三尖、多角的不規則形狀。新商場如何才能在盡用地面之餘，又重現利舞臺的昔日風采？

據建築師憶述，1994年落成的新利舞臺，設計靈感源自日本銀座式的景物，為了捕捉舊利舞臺之神韻，更引入以下特色：在頂樓樹立一座圓鐘塔，在樓頂上加入圓拱形建築及壁柱，希望營造出戲劇化和古典感覺，重現舊利舞臺的標誌性建築風格；如舊利舞臺般，新廈的正門開闢在波斯富街、霎東街和禮頓道的交接點，令建築物給予遊人似曾相識的感覺，而為達致這種效果，建築師需要說服發展商放棄把這位置設計成一個有三面出口的高價商舖；頂層之柱廊圓拱形屋頂扮演了整個設計的靈魂，並讓遊人聯想到舊利舞臺的拱頂。[16]利氏將利舞臺發展成一幢集娛樂、消閒、購物於一身的商場，助長了羅素街的繁盛人流。[17]

合縱與連橫

　　時代廣場、利舞臺廣場等接連誕生，標誌着銅鑼灣步進繁盛的商場時代。不少舊樓宇和舊式戲院也被改建成購物商場，例如紐約、翡翠、明珠等歷史悠久的大型戲院被拆卸改建，變身成今日的銅鑼灣廣場二期、翡翠明珠廣場等。雖然名目紛繁，但這多家新興商場卻可被粗分成兩大陣營：一是以「一站式消費」作招徠的綜合型商場，包羅了服裝、化妝品、電器、玩具精品等專門店，又兼有食肆、娛樂設施或戲院，租戶以連鎖店及外國著名品牌為主，時代廣場是當中的佼佼者。二是以「潮流賣點」作招徠的小型商場，它們多別具特色，售賣時髦年青人物品，不少貨品更是由店主專程赴日韓各地搜購，入貨量雖少，但卻吸引了大批熱衷於「炒賣」時尚衣着鞋飾的年青人流連，除了金百利外，信和、銀座商場等皆是當中的熱點。

　　到了 1990 年代末，銅鑼灣區內大小商場林立、各據一方的同時，也出現各式合縱連橫的新形勢，游目所見，在每家大型綜合型商場鄰近，多會出現一家針對年輕人的小商場，讓不同檔次的消費模式相互補足，例如利園商場豎立起高檔的形象，招徠中產顧客，隔鄰的蘋果商場則以售賣年輕人飾物為主；又如皇室堡走中檔商場路線，希望吸引較成熟的顧客羣，附近的銅鑼灣中心則憑着售賣日本潮流玩具，開拓出自己的青春特色，世貿中心亦一度是拍攝貼紙相之熱門處。曾幾何時，謝斐道兩旁的茶餐廳更是年輕人的熱門聚腳地，其樓上舖位如漫畫 Café、二樓書店，也成為年輕人的消費熱點。

隨商場時代走入盛世，不少歷史悠久的大戲院先後被改建成商場。圖為銅鑼灣近年冒起的新商場如世貿中心（右圖）、銅鑼灣廣場二期（左下圖）及翡翠明珠廣場（右下圖）。

時代廣場誕生後可說改變了銅鑼灣的商國版圖：消費人流漸從昔日獨領風騷的大丸、崇光一帶向外擴散，越過軒尼詩道這條無形分水線，流入了舊樓宇雲集的羅素街一帶，更有商人戲稱這是一幕在銅鑼灣上演的「出埃及記」。圖為 1997 年 7 月 29 日怡和街、軒尼詩道一帶人流穿梭的熱鬧情景。

消費河道的轉變

在這個不斷進化的商場森林裏，昔日的街道商舖應如何面對這樣的生態轉變呢？在 1980 年代，百德新街與京士頓街曾是盛極一時的熱點，而憑着大丸和崇光百貨吸引來的人流，也令「食街」和「名店街」冒起，成為訪客常到的消費地標。在這脈絡下，波斯富街仿若一條無形界線，將繁華的崇光、大丸、百德新街一帶日本風味濃郁的區域，跟另一邊羅素街電車廠毗鄰的舊樓宇羣區隔開來。但在 1990 年代，銅鑼灣的消費版圖卻出現重大轉變，時代廣場的構思正是衝着波斯富街這分界

線而來，嘗試打破這一阻隔，令人羣從崇光向外擴散，越過波斯富街，轉入羅素街，進入時代廣場。[18] 這股消費人羣的大遷移，不單被舖戶戲稱為銅鑼灣的「出埃及記」，也一度令百德新街的人流銳減，商鋪生意一落千丈。

時代廣場的崛起，帶動羅素街一帶舊區易容變臉後，可説改易了銅鑼灣的消費河道。面對這股消費重心的大遷移，昔日獨領風騷的崇光和怡和街一帶的業主和舖戶可如何應對呢？千禧年前後，崇光、怡東和世貿中心一帶的業主和商戶為了吸引遊人，曾多番聯手改裝街道的整體形象，其「小日本」的年輕味道變得愈來愈濃郁，[19] 怡和及美心飲食集團也一度在這裏開設 Hello Kitty 和 Ultraman 主題餐廳，世貿中心更把商場前的空地闢作年輕音樂人的表演場地，努力塑造年輕趨時的形象。除了大丸舖位被改成名店坊外，松坂屋舊址亦被改建成恆隆中心，嘗試招徠時尚商戶，吸引年輕遊人。為了挽回百德新街的頹勢，恆隆引入新策略，自 1990 年代末與 I.T.時裝店合作，以低價租出十多家商舖，其後 D-MOP年輕人時裝店也加入戰圈，迅即令百德新街變臉重生，努力營造一處「型人購物地」的新形象。[20] 銅鑼灣各大小商場、街舖店戶的合縱連橫，也變得愈來愈錯綜複雜。

時代廣場在1993年開
幕後，漸漸改變了銅
鑼灣的消費河道，人
流朝羅素街方向轉移
後，東角道崇光百貨
一帶東洋風味濃郁的
街道也得易容變臉，
爭回年輕消費羣。

剪影四 從老品牌到連鎖式食肆

香港向來被譽為「美食天堂」，飲食業在銅鑼灣也可說發展得百花齊放，但隨着舖租飆升，落戶銅鑼灣的市場門檻已大大提高，傳統老舖要留駐也不無困難，反而不少大型「連鎖式」零售和食肆集團卻源源進駐，這也令香港這個「美食天堂」出現了多項特色，例如「連鎖式」食肆集團紛紛走進各大商場內（如時代廣場便以食肆雲集的「食通天」作招徠），開枝散葉，當中較著名者有美心飲食集團；但另一方面，不少傳統小型「招牌」食肆卻依靠早年自資購入的地舖，不受舖租飆升威脅，得以留守銅鑼灣，當中較著名者有太平館和皇后餐廳（其舖址分別位於白沙道、利園山道，皆是早年向利希慎家族旗下的公司購入）。在這種形勢下，各類型的食肆大小斑駁、星羅棋佈，銅鑼灣也仿若一處食肆迷宮，而從太平館、皇后餐廳到美心集團，香港食肆的生態轉變也各顯特色。

◇ 「西化中菜」和「中化西菜」

環顧全球，「美食天堂」不可勝數，香港究竟有何特色呢？香港是中西飲食文化薈萃的橋頭堡，回顧百年變化，一部香港飲食史便時常緊貼着「西化中菜」和「中化西菜」這條主線來推展。

鴉片戰爭爆發，中國門戶被正式打開，「番菜」隨之傳入廣州、上海等通商口岸，[21] 但當時的「番菜」多由中廚所製，其用料及烹調方法也趨向本地化，即「西餐中製」或「中料西烹」，旨趣與原菜相去甚遠。從1909年上海出版的《造洋飯書》（「洋飯」即西餐）所見，西餐傳入後，粵式西餐曾出現一味「金必多湯」（Potage Campadore），是以奶油濃湯加入火腿、胡蘿蔔與鮑魚、魚翅製成（胡蘿蔔象徵多金）[22]，看來「番菜」登陸中國後，為適應華人口味，已不復原貌了。在眾多的「本土化西餐」中，以分別發源於廣州和上海的「豉油西餐」和「上海番菜」較聞名。

◇「豉油西餐」──太平館

「豉油西餐」是上一輩的俚語，意指「廣東化」了的西餐，而太平館的故事可説是「豉油西餐」的活見證。沙面是廣州西餐業的發源地，在 1860 年代，沙面租界內洋行林立，當時市郊西村人徐老高在沙面美商「旗昌洋行」(Russell & Co.)當廚雜，學懂歐美的煎煮技巧，後來因與上司不睦而離開洋行，當起流動小販，每天早上在市集購買三數斤牛肉及配料，肩挑攤檔，煎煮牛扒，隨街叫賣，售價約一二毫白銀；後來由於生意旺盛，供不應求，早、午、晚三市也要購原料作補充，可見他的廚藝頗受大眾歡迎。徐氏其後在廣州南城門外一處名為太平沙的碼頭地開設固定檔口，因地而取名為「太平館」，成為廣州第一代西餐廳。進入民國時期，太平館已不再以煎牛扒、豬扒等普及菜色作招徠，轉而經營燒乳鴿、煙鯧魚及葡國雞等高級菜。[23]

「太平館」創辦人徐老高。

1919年廣州市政重建，拆城牆，築馬路，百業興旺，太平館也由矮樓木屋改裝為混凝土柱、樓高三層的西餐館，僱用多個職工。徐老高逝世後，太平館由其後人徐煥及徐枝泉昆仲繼承，業務蒸蒸日上。1930年代，徐氏第三代徐漢初在永漢北路增開分館，[24]坐擁一派園林景色。餐廳毗鄰為財政廳，不少政商要員活躍於此，顧客也多為軍政界人士，當中包括蔣介石、李宗仁、宋子文、陳濟棠等，[25]1925年，周恩來和鄧穎超的婚宴也是在太平館內舉行。[26]

廣州淪陷後，太平館在 1939 年被迫歇業，經理與頭廚跟隨徐漢初來到香港，落腳上環三角碼頭東山酒店內，在酒店地下和閣樓經營十多個「卡位」及散枱，掛起了「省港太平館」的招牌重操故業，稍後搬往灣仔經營。1941 年香港淪陷後，由於生意不景氣，業務也漸漸癱瘓。[27] 要到 1947 年

才在上環另覓地舖經營，後因舊樓拆卸而結束營業。國內方面，太平館戰後在廣州復業，文革期間易名為東會飯店，其西式佈置亦被拆掉，徐家後人遷港，分別在油麻地（1964）、銅鑼灣（1971）和尖沙嘴（1981）三地自置物業經營。

「瑞士雞翼」和「燒乳鴿」是「豉油西餐」的名菜，亦是太平館的招牌菜。但傳統西菜大多沒有採用雞翼或乳鴿作材料，兩款菜式皆可說是廣東化的西餐，據今天執掌店務的徐氏第五代後人徐錫安先生稱，[28]「瑞士雞翼」和「燒乳鴿」的特色，是以豉油加上西式香料來作燒汁，其流傳的故事更是耐人尋味。

「瑞士雞翼」狀似滷水雞翼，究竟「瑞士」之名何來呢？食家唯靈先生認為是英文 "sauce" 一詞之音譯（上海番菜譯作「沙司」），但徐錫安稱，「瑞士雞翼」一名其實誕生在 1920、1930 年代，當時有外籍人士到店光顧，吃後稱讚雞翼很甜（sweet），但侍應卻誤會其意，把 sweet 與 Swiss 讀音混淆了，「瑞士雞翼」之名亦因這語言誤會而誕生。徐氏續稱，其浸雞翼所用的汁料配方已沿用百多年，秘方的材料主要是豉油、糖、薑和香葉。由於當時廣州人較抗拒傳統西式牛扒，其先輩遂實行中西合璧，採用西式烹調方法，加上中式調味料，特製成兩種汁料——燒汁是生抽加香料，瑞士汁則是老抽加上香料及糖。時至今日，太平館仍沿用這兩種汁料，生抽和老抽是直接向製造商取貨，再由三所分店的廚師親自配製，藉以保持汁料新鮮。徐氏表示，他們每一代都擁有一批值得信賴的廚師，長期在公司服務，流動性低，現時聘用的師傅，廚藝是由其父親或叔父傳授，侍應中亦不乏父子兩代同在太平館工作的老伙計。[29]

近百年來，「燒乳鴿」（Roasted Young Pigeon）也是太平館的名菜。據

1957 年彌敦道「太平館」全人合照。右三為徐憲大，右四為廚師程坤（隨徐氏南下的廚藝高手）。

圈中人稱，乳鴿的中式烹法大都由烹調雞鴨的方法借用過來（如清燉乳鴿、豉油皇乳鴿、樟茶鴿等），廣東話中「燒」與「烤」通用，但廣東餐館的「燒乳鴿」大多與「烤」無關，其實是油炸或紅燒，與歐陸習慣不盡相同。但西式乳鴿究竟從哪裏傳入粵地呢？據行中前輩稱，葡萄牙人是烤乳鴿的好手，西式乳鴿可能是由澳門經中山石岐傳入廣州，而石岐也曾是中國肉用鴿的繁殖地。由於乳鴿體積細小，醃製後在熱油裏稍稍一滾便徹底熟透，外皮香脆，內層肉汁飽滿，迅即成為名菜。徐錫安稱：「我們先會用特製鹵水醃製乳鴿，待客落單才即叫即做，故成本很高。」為了保持肉鴿的水準，太平館曾在舖後闢有一家小飼鴿場。

◇ 銅鑼灣太平館餐廳

銅鑼灣太平館餐廳在1971年開業，舊舖原在灣仔，因舊樓拆卸才遷往銅鑼

隨租金急升，不少老租戶被迫遷離銅鑼
灣，餘下少數在早年已自置物業的傳統
老店留守區內，歷史悠久的「豉油西餐」
創始者「太平館」是當中的代表。圖為
1920 年代位於廣州的「太平館」。

1939 年灣仔「太平館」，櫥窗內的裝飾品正是
罐頭食品和牛油蛋糕。

1968年灣仔「太平館」內的陳設佈局，反映了當時的潮流品味。

圖為「太平館」在1970年代向利希慎家族旗下公司購入的舖址，位於今白沙道。

灣，以港幣約六萬元向利希慎家族旗下公司購入白沙道舖址。徐錫安坦言，由於三所物業皆是自置，經營成本才可以減低，不愁租金急升，只想維持老舖招牌。為此，徐氏稱不會讓太平館走集團化路線，更不會仿效時下流行的特許經營方式，進行大幅擴張，以免分店數目太多，令汁料質素難以保證。時至今天，徐氏每天都會親赴三間分店視察，像試酒一般，親自調試每日供應的汁料味道。他認為太平館注重「保存第一代流傳下來的菜式特色，⋯⋯ 強調延續性及穩定性」，而「連鎖式」經營則並非太平館追求的理想。

◇ 「上海番菜」── 皇后飯店

「上海番菜」在 1949 年後才大舉登陸香港，而在多股南傳的「上海番菜」中，又以俄羅斯菜較具特色，在戰後出現的俄式餐廳中，較聞名的有車厘哥夫、雄雞、愛皮西（A.B.C.）、龍記、皇后等，其老闆大都是山東人，而且彼此認識，儼如一個小社羣，伙計間的人脈也十分緊密。[30]

鴉片戰爭後，列強紛紛在上海設立租界，外籍軍人、傳教士、冒險家和難民紛紛來滬。民國成立後，來華洋人數目更多。1917年俄國革命後，大批效忠沙皇的白俄難民從遠東來華，當中不少白俄軍官南來後，轉為擔當上海富戶的保鏢，一些白俄女性則在歌場舞廳裏謀生，也有隨馬戲團四出巡迴表演者。在上海開設俄式餐館、麵包店的亦大有人在，經營者有白俄人，也有山東人，著名者有華東俄菜館等，以羅宋湯馳名。由於俄式菜的材料是牛肉、牛骨、香菜、紫菜、芹菜、土豆、茴香、洋蔥等，價格便宜，故甚受中下層人士歡迎。 1949 年後，隨着不少白俄和山東人南來香港，俄式餐館也進一步南移。[31]

「皇后」是香港著名俄式菜館，也是香港電影《阿飛正傳》（1991）的取景地

點。這餐廳為何會以「皇后」為名呢？原來「皇后」原址在北角，舊舖址對面剛巧有一家英皇餐廳，而「皇后」創辦人認為香港是一處英國殖民地，權力最大的自然是皇帝和皇后，於是福至心靈，把餐廳命名為「皇后飯店」。

「皇后」成立於1952年，舖址原在北角英皇道，由十八名股東合資，股東多為山東人，也有俄羅斯人，都是來香港後才認識的。傳統華商的合資方式多是「東家出錢，西家出力」，從「皇后」的合股書所見，大部分股東皆註明是「東家」身份（只投資但不參與管理），但持牌人于永富先生則是集「東西家」於一身，既入股投資，也直接參與管理工作，故「皇后」的成敗便繫在于氏一人手上。

于永富（1909－1997）為山東煙台人，十三歲即獨自謀生，1915年來到上海，自稱先後隨白俄人Kurilov、Iuvan及Gimidian學廚，于氏亦替自己取了Mischa這洋名。在1940年來香港後，他先是在一家名叫「海祥」的俄羅斯餐廳當首任廚師，其後自行開了一家中菜館，但並不成功，直到1952年開設皇后飯店，生活才穩定下來。開業兩年後，由居港上海人辦的《上海日報》曾走訪「皇后」，記錄了所見所聞：

> 北角「皇后飯店」，以西餅、糖果和俄國大菜等，馳名於港九兩地，主理人于永富先生，是當代首屈一指的西餅和俄國大菜名手，前在上海「亞爾跳舞廳」服務，具有十多年歷史，所以見識極廣，經驗豐富，凡經他親自教製的西餅，和各式菜點，無不品質精絕。因此「皇后飯店」自于氏主理以來，業務蒸蒸日上，大有後來居上勢。
>
> 據于氏向記者透露：前上海的「亞爾跳舞廳」，是滬上最有名氣

的一家娛樂場所，主顧多為各國軍政大員和名流富商，故飲食烹調最為考究。就記者所知，于氏確也是由這裏起家的，在服務期間，因于氏為人忠厚，且又聰明機警，故所烹調的菜點和西餅糖果等，都是冠於滬上的，終於遠近馳名，因此得到經理人的愛重，尤為一般顧客所稱道。那時候他英文名字（MICHA）[筆者按：應是 Mischa] 客叫得最為響亮，以後傳遍中外……。[32]

◇ 銅鑼灣皇后飯店

皇后飯店開業短短數年間便闖出名堂，但到了1964年，由於業主收回物業作理髮店，「皇后」便搬到銅鑼灣利園山道，以約八萬港元向利氏家族購入物業。當時銅鑼灣環境幽靜，建築物較少，人流也不算多，地價較便宜，「皇后」股東原預料初期要虧損，不料開張首月便有盈餘。原來韓戰爆發後，有不少「美國水手」來港，流連於灣仔地區，也為旅遊業尚未興旺的銅鑼灣平添了一批高消費的顧客，于氏亦順勢僱用了一隊華人西樂隊作招徠。其後，利園山漸漸發展起來，成為當時的新興行業——廣告公司——的集中地，又鄰近教育署辦公室，客源也慢慢穩定下來。

「皇后」一直由于永富先生打理，多年來供應的菜式並無重大改變，現時的廚師亦是于老先生的徒弟。「皇后」除了售賣羅宋湯、串燒等俄羅斯菜外，也有出售俄羅斯酒（伏特加）、麵包和糖果（如蝴蝶酥及鳥結糖）。1950年代，在「皇后」品嚐一個有湯、冷盤、主菜和甜品的「全餐」，收費約為二元八角，價錢屬中檔，而到了1960年代，到「皇后」進餐已成為一件潮流事。于氏後人稱，當時「皇后」較具號召力的菜餚仍多以牛脷為主菜，原因是當時牛扒價格較貴，牛脷則較便宜。但隨着香港經濟起飛，飲食習慣相應轉變，意大利、法國菜也先後傳入，「皇后」的競爭對手也愈來愈多。[33]

于氏經營之道十分儉樸,「皇后」開業數十年來甚少重新裝修,這正好吸引了導演王家衛在1991年選擇到這裏取境,拍攝以1960年代為背景的電影《阿飛正傳》。該片在日本掀起熱潮後,電影公司邀請了百多名日本影迷前來「皇后」舉行記者招待會,使皇后一躍成為日本遊客「朝聖之地」。1994年,「皇后」因于先生年邁、健康欠佳而結業。[34]

「皇后」在1994年10月31日結業當天,顧客蜂擁而至,爭相拿取有餐廳標誌之器物留念。于氏獨子于德義有見及此,認定「皇后」的老品牌仍然是一項寶貴資產,遂在「皇后」結業翌月召集了舊員工,另覓新舖,以獨資方式重開「皇后」。另外,于氏曾與《阿飛正傳》的主角張國榮合資,在銅鑼灣開設了一家名為「為你鍾情」的餐廳,[35]售賣各式飲品和中西食品,一度成為影圈中人和影迷的聚集地。隨張氏退股,餐廳亦在2002年重新裝修,掛起「皇后餐廳」招牌。一如太平館,于氏也無意仿效特許經營方式,把「皇后」大幅擴張,避免由於分店數目太多,令食物品質難以保持。

由是觀之,「皇后」和「太平館」選擇不把業務擴張,也可說是為了保護傳統──為了維持「招牌菜」的水準而付出代價。這正好與「美心」的故事構成有趣對比。

◇「西化中菜」──美心集團

美心集團(Maxim's Group)在香港有逾半世紀歷史,是一家分店眾多、業務多元化的飲食集團,但有別於「皇后」、「太平館」等品種的食肆,美心的創辦人伍舜德、伍沾德兄弟,並非「紅褲子」出身的廚行中人,[36]他們對廚藝所知有限,美心銷售的可說是「西化中菜」──講求西式管理、注重衛生、服務質素和品質控制的中菜。

1917 年俄國革命後，不少白俄人南下中國，帶來俄式番菜，1949 年後，俄式菜又進一步南下香江。圖為創辦皇后飯店的于永富父子（圖中及右二）及他們在港的俄裔股東聚餐圖。

（五）人事本飯店二三知己分工合作不分軒輊各盡其職責

（四）營業以西洋各國名酒歐西大眾麵包西點均物美價廉為社會服務為宗旨

（三）資本金定為港幣六萬元計作六拾個股揀記名式人票兩諁

（二）議地址在香港北角英皇道三百七十四號地下

（一）議名定為皇后飯店

本飯店之組織

積川賓聯合創立宏業，在中秋桂月經營各界所需設備之貢獻，本同人之宗旨，純為便利顧客光臨，忠誠服務發展營業，為基本原則好之為之本店自創業以來，多蒙各界紳商仕女光顧指教，同人們實是感恩之至，更希各同人抱定互助互愛的精神，上和下睦的信心同心協力為大眾為業務共謀發展則吾業遠大宏展昌勝榮幸焉

皇后飯店創辦時訂立的招股書。

串燒猪扒餐

壹，湯　　宋湯
　　羅宋串燒猪扒
式三，串燒　雪糕
　　　　咖啡或茶
四，每客：
　　　　　　　86

1. BORSCH
2. SHARSHLIK PORK CHOP
3. ICE CREAM
4. COFFEE OR TEA　　86

$

1960 年代皇后飯店的餐牌。

落戶在銅鑼灣利園山道的俄羅斯菜老品牌皇后飯店（Queen's Café）。在 1990 年代，因為電影《阿飛正傳》曾在餐廳取景，皇后飯店一度成為日本影迷到港「朝聖」的熱點。

1935年，伍舜德在陸海通集團旗下的六國酒店任會計員，[37] 甚得董事長陳符祥器重，先後擢升其為六國酒店的司理、皇后戲院經理，伍氏兄弟亦因此認識了不少城中富商，包括日後入股美心的何添、胡仙等。

1949年後，大批上海人南遷香港，推動起時髦的西式飲食文化南傳香江，但當時的高級西餐廳仍以招待外籍人士為主，不甚重視華人顧客。第一家美心餐廳正是在這背景下誕生。伍氏兄弟有一回到西餐廳進餐，卻被刻意帶往鄰近廁所的座位，令他倆甚為氣結，遂萌生創業念頭，開設以服務華人為對象的西餐廳。當時香港飲食業有一特色，就是娛樂業往往依附於酒家或茶樓發展，兩者互相依賴。伍氏兄弟亦沿用這經營方式，於1956年成立香港食品有限公司，並在中環連卡佛大廈地庫開設了一家美心夜總會，在西餐廳內設舞池，安排樂隊作現場伴奏。由於伍氏任職的陸海通集團旗下包括戲院，所以不少國際影星如奇勒基寶（Clark Gable）、阿娃嘉娜（Ava Gardner）來香港時都曾光顧美心，從而大收宣傳之效。伍氏兄弟更廣招股東，除置地公司外，還包括胡仙、何添等。到了1963年，伍氏又在新落成的消費熱點海運大廈內開設了一家美心咖啡店（洋名為Boulevard），[38] 開業短短幾個月，便闖出名堂。

1970年，美心以粵菜參加日本博覽會，由於反應良好，返港後便進軍中菜市場，並在1971年於九龍星光行開設首家粵菜館「翠園」。為了配合當時的經濟形勢，翠園被定位為一家中價菜館，以小菜作招徠。隨後又於銅鑼灣開設一家美心皇宮大酒樓。1972年，伍氏兄弟把部分股權售予置地公司、怡和洋行，從而取得了進駐中環十多個有利舖位的契機，藉此攻進了金融區的高價飲食業市場。同年，美心順應當時的飲食潮流，進軍快餐業。1974年後，更由西菜、粵菜擴展至經營京菜及其他中國菜系，迅速擴張商業版圖。

1970年代，隨着香港股市起飛，新開業的「遠東交易所」又令不少華資公司跨越市場門檻，成為上市公司，市場上出現不少在股市暴發的食客，飲食業乘勢勃興，「魚翅撈飯」這詞彙也在1970年代初流行起來。除了食品質素外，食客也會考慮到上菜效率、衛生水平和食肆的環境氣氛，所以資金充裕、實力雄厚的投資者都不惜投資千萬元來裝修酒樓，紛紛以「筵開百席」來作號召。除了美心集團外，敦煌集團、新光集團也在這時期崛起。隨着商業勃興，香港生活節奏加快，小型快餐店及餐廳數目日增，它們佔地少，客流大，歸本期也較短，故美心於這時期也大量投資快餐業。

到了1980年代，香港茶樓酒家的競爭愈趨熾熱，無數中型茶樓面臨被市場淘汰的景況，[39] 但美心的擴展卻更迅速，例如置地廣場的四川菜館「錦江春」、尖沙嘴東的潮菜館「潮江春」，另有滬菜館、淮揚菜館。 1990年代初，美心業務還包括快餐店、餅店、日本料理，經營的食肆總數約210家。[40]

步入千禧年，飲食市場持續疲弱。在逆境中，美心的業務卻變得更多元化，如自1999年開設主題餐廳Hello Kitty Café和Ultraman Restaurant，先後落戶銅鑼灣。美心在伍氏第三代伍偉國（伍舜德之孫兒）掌舵下，集團的經營方針進一步走向制度化。有別於「太平館」和「皇后」的策略，伍氏強調美心不依賴「招牌菜」這門傳統，[41] 近年來更把不少舊品牌重新包裝，易名變臉，嘗試為美心建立起摩登年輕的形象，美心經營的正是西化中菜。[42]

在銅鑼灣食肆地圖上，我們正好追蹤到像「太平館」、「皇后」、「美心」等各股食肆傳統多元發展的有趣故事，反映出香港飲食史匯聚中西的一環。

小結：「Mall化」的城市

　　到了二十世紀末，這股由大型商場催生的消費時尚，正像雪球般滾動，當中，把舊電車廠變身成「時代廣場」的經驗，更被不少地產商複製，移植至港九各地，旺角朗豪坊、觀塘apm等大型商場平地崛起後，也同樣帶動起毗鄰舊街道易容變臉。隨着這股城市「Mall化」的力量不斷壯大，不少舊街道也步羅素街的後塵，其昔日個性漸漸被湮沒掉，並在商場化的巨輪下不斷被弭平，成為香江這個多變城市的一小片浮華地。

註 釋

1　參見〈亞洲最貴鋪租　銅鑼灣三連冠〉，《明報》，2000年11月24日。

2　Atkinson, Robert L.P., and Williams, Alan K., *Hongkong Tramways: A History of Hong Kong Tramways Limited, and predecessor companies* (Rustington Sussex: Light Railway Transport League, 1970); Barnett, Martin, *Tramlines: The Story of the Hong Kong Tramway System* (Hong Kong: South China Morning Post, 1984).

3　作者訪科大衛（David Faure）教授稿，2003年7月16日。

4　參見江柏煒：《「洋樓」：閩粵僑鄉的社會變遷與空間營造（1840s-1960s）》（台灣國立大學博士論文，2000）。

5　張健波：〈香港新購物商場發展近況〉，《經濟導報》，1981年6月17日；文中稱：環球商場「由地下通往商場的入口，像『三文治』般被兩幅高達二十呎的石牆圍着，這種建築設計，幾乎將由地鐵站通往商場的入口完全遮蓋起來。……中區夜市向來很早結束，環球商場目前營業時間為上午十時至晚上八時，比銅鑼灣

及旺角等購物中心為短，加上假日到中環逛公司購物的人數亦比不上其他購物區，生意額難免受到影響」。

6　馮邦彥：《香港英資財團》（香港：香港三聯書店，1996），頁28-35。

7　陳謙：《香港舊事見聞錄》（香港：中原出版社，1987），頁79-80。

8　作者訪九龍倉集團梁錦祥先生稿，2002年4月12日。

9　有關包玉剛的歷史，見馮邦彥：《香港華資財團》（香港：三聯書店，1998），頁252-254。

10　同註8。另見〈連卡佛遷時代　西武進駐皇室堡　銅鑼灣高檔百貨大執位〉，《星島日報》，1996年9月17日；〈恆隆擬購崇光擴版圖〉，《東方日報》，2001年7月18日。

11　同註8。

12　同註8；另參考江瓊珠：〈主題購物新意思　銅鑼灣時代廣場〉，《時代商場月刊》，創刊號（1995年1月），頁11-13。

13　〈池記麵家日賣四百碗〉，《資本雜誌》，第204期（2004年5月），頁10。

14　1980年代初，香港地產業再上高峰，利氏家族乘勢在1981年組成「希慎興業」上市，購入家

族名下的希慎道 1 號、禮頓中心、興利中心、新寧大廈及新寧閣，公司上市翌年即成為香港十大市值最高之地產公司，並在銅鑼灣引入新一代商場。利園和利舞臺分別在 1991 及 1993 年重建。參見希慎興業有限公司歷年年報。

15 希慎興業有限公司：《年報》(1991)，頁 6。

16 作者訪伍振民先生稿，2002 年 5 月 28 日，另見作者訪劉榮廣先生稿，2002 年 5 月 29 日。劉榮廣先生稱，利舞臺廣場的經營掣肘並不少，如樓面面積較少，商場四周樓宇密集，毗鄰數幢舊物業的業主又拒絕出讓，商場只有向上（而不能橫向）發展，但樓高二十二層（另地庫兩層）的利舞臺，又如何能把消費人流推向頂層呢？建築師想出的辦法是製造「中空層」——把廣場內每隔三層打通，共享一天井，自成一獨立購物單位，使消費者在心理上只感到廣場有六、七組形象鮮明的購物單位（而不是二十四層外貌相似的商場樓面）；希慎想出的辦法則是吸引顧客作「目的購物」(purpose buying)，而不是漫不經意的遊逛，其方法是把廣場高層租予傢俬專門店，為廣場塑造購物特色，吸引專誠來選購傢俬的消費者，這效應亦吸引到傢俬專門店「住好啲」(G.O.D.，創辦人是九龍巴士雷氏家族之後人) 在 2001 年遷入毗鄰的禮頓中心。

17 何潔霞：〈重建後的利舞臺將成為銅鑼灣購物熱點〉，《經濟導報》，2420 期（1995 年 5 月 22 日），頁 15-6；〈零售業不景新概念突圍而出　先施利舞臺店名牌掛帥招徠〉，《星島日報》，1996 年 6 月 24 日。

18 同註 8。

19 崇光百貨宣佈破產後，香港「華人置業」劉鑾雄和「新世界」鄭裕彤隨即聯手購入崇光物業，而劉鑾雄兄弟在銅鑼灣一度控制皇室堡、怡東及銅鑼灣地帶三大商場。

20 "'Little Japan' set for major face-lift", *South China Morning Post*, March 15, 1998.

21 十九世紀中，上海已有一品香及老德記西餐館，廣州有太平館。1920 年代上海有禮查飯店、匯中飯店、大華飯店等大型西式飯店。香港開埠後，不少中式酒樓為迎合市場，先後附設西餐部，但由於價格昂貴，非一般市民能夠品嚐。參見江禮暘：《海派飲食》（上海：上海畫報出版社，1991），頁 41；徐海榮主編：《中國飲食史》，第六卷，頁306；李少兵：《民國時期的西式風俗文化》（北京：北京師範大學出版社，1994），頁 5-9。

22 《造洋飯書》（上海：美國基督教會，1909）；李少兵：《民國時期的西式風俗文化》，頁 6。

23 作者訪太平館徐錫安先生稿，2002 年 4 月 7 日。

24 徐煥有八名子女，男女各半，依次是徐耀光、徐漢初、徐然、徐啟初等（徐枝泉沒有孩子，由徐啟初過繼為子）。

25 參見馮佳憶述，黃曦暉執筆：〈我所知道的廣州市西餐業〉，載中國人民政治協商會議廣東省廣州市委員會文史資料研究委員會編：《廣州文史資料》，第二十六輯（廣州：廣東省廣州市委員會，1982），頁 187-208。

26 同註 25。除太平館外，在 1930 年代，全廣州市西餐館有三十多家，獨資、合股及有限公司皆有，如沙面有「東橋」、「玫瑰」、「經濟」、「域多利」等，惠愛路與永漢北則有「威士頓」、「波士頓」、「威士文」、「巴黎」、「國民」、「太平新館」及「哥倫布」等，當中「玫瑰餐廳」由猶太人開辦，「域多利」則是由英國人開設；長堤大馬路的「東亞酒店」、西堤的「亞洲酒店」、太平南路的「新亞酒店」及在新堤開闢地段的「愛羣酒店」都是華僑投資的有限公司，酒店內均設有西餐廳。

27 黃曦暉：〈太平館的滄桑〉，載《廣州文史資料》，第二十六輯，頁 209-220。

28 徐錫安年青時曾在美國唸酒店管理，並曾在美國西岸多所酒店工作，回港後一直執掌家族業務。

29 同註 23。

30 皇后經營者于德義稱，當時皇后的餅卡可在其他店舖取餅，但後來這些店舖逐漸倒閉，只餘下皇后一間。見作者訪于德義先生稿，2002 年 4 月 9 日。

31 〈民國時期西式餐館與番菜〉，載《中國飲食史》，第六卷，頁297-307；林增平：《中國近代史》，上冊（長沙：湖南人民出版社，1979），頁17-8；李少兵：《民國時期的西式風俗文化》，頁5。

32 座上客：〈「羅宋大菜」權威于永富其人其事〉，《上海日報》，1954年1月1日。

33 作者訪于德義先生稿，2002年4月9日。

34 同註33。

35 于德義（1940－2003）為于永富獨子，聖保羅書院畢業，在葛量洪師範學院讀了一年後，加入警隊任督察，兩年後離職。曾經營貿易，其後投資房地產，1989年移民加拿大，後返港發展，繼承「皇后」老品牌，投資飲食業。

36 伍沾德是伍舜德之弟，祖籍台山，隨兄來港工作。來港後加入陸海通旗下戲院作「跑片」。

37 陸海通集團創辦人為陳任國（台山人），現任集團主席為家族第三代陳伯昌。陳任國於1922年在美集資，然後返港會合兒子陳符祥，開創陸海通。1930年代陸海通在香港顯赫有名，除銀號及保險公司外，還經營酒店、戲院、藥房、汽車出租公司和夜總會等，名下產業包括彌敦酒店、容龍別墅、六國酒店、皇后和皇都戲院

38 齊以正、郭峰等：《有錢有勢‧冇錢冇勢》（香港：文藝書屋，1982），頁95。

39 《香港經濟年鑑1977》，頁173；《香港經濟年鑑1982》，頁145-146。

40 吳錦銳：《香港飲食年鑑90／91》（香港：飲食天地出版社，1990），頁62-63。

41 Patrick Chiu：〈創新是團隊努力的結果——訪問美心食品有限公司董事總經理伍偉國〉，《號外》，第292期（2001年1月），頁85。伍偉國在祖父伍舜德的安排下，曾在美心集團以外的多間飲食機構任職基層，包括在Pizza Hut造薄餅、在文華酒店咖啡店當侍應、在7.11便利店當收銀員等，才加入美心集團服務；另見雨平：〈香港酒樓業生意競爭烈，優勝劣敗難免〉，《經濟導報》，第1929期（1985年7月），頁10-11；張坤儀：〈趨向集團化經營的香港酒樓業〉，《經濟導報》，第2037期（1987年9月），頁6。

42 這一章部分資料取材自鍾寶賢：〈粵派、海派西餐的興衰〉，《信報財經月刊》，2003年3月，312期，頁83-88，感謝該刊容許筆者把該篇文章的部分資料整理重用。

結語

邁向地下城

　　步進 1990 年代，隨着舊電車廠變身成時代廣場，一股由大型商場引導的消費時尚迅速捲起，帶動羅素街一帶舊區轉型，令銅鑼灣的商國版圖上，消費人流慢慢由昔日獨領風騷的大丸、崇光一帶，轉入羅素街，再向外擴散，而時代廣場也發揮了匯聚人流的作用，令消費者源源流進羅素街這邊的商場羣中。[1] 這股被舖戶戲稱作「出埃及記」的消費人口大遷徙，卻帶來另一道難題：隨人流由崇光一帶轉入羅素街，南北兩域之間的軒尼詩道便出現多處異常擠迫的樽頸地帶，其中位於崇光百貨公司對出的地段，每小時的行人流量估計高達15,000人次，造成了層層的人流障礙，導致人車爭路，險象頻生。

　　為了疏導崇光百貨前貫通軒尼詩道馬路樽頸位置的人流，港府於2006年末提出一項在銅鑼灣興建「地下城」的方案，計劃把銅鑼灣港鐵站東大堂變身成地下城，開拓出一個逾一萬平方米的地底空間，內裏設

邁向「地下城」時代，銅鑼灣的商國版圖將會再一次易容變臉，破繭而出的新銅鑼灣樣貌會是如何呢？

置各式商舖，通過四通八達的網絡，支撐起「地下城」的吸引力，藉此招徠商戶，吸引舖戶由「地面遷到地底」。工程料於2009年開展，2013年竣工。由於施工方法會採用明挖隨填（cut and cover）的方式，施工期間，銅鑼灣的心臟地區──軒尼詩道和怡和街──將要實施四年的封路和改道措施，這也令鄰近商戶喜憂參半。[2]

　　邁向「地下城」時代，銅鑼灣的商國版圖將會再一次易容變臉，破繭而出的新銅鑼灣樣貌會是如何呢？我們拭目以待。

* *

註　釋

[1]　作者訪九龍倉集團梁錦祥先生訪問稿，2002年4月12日。

[2]　〈紓緩人車爭路　兩大業主歡迎〉，《明報》，2006年11月22日。

足壇春秋 三國鼎立

銅鑼灣除了是英商、華商和日本商人上演合縱連橫戲
法的平台外，也是英式足球移植到港的小舞台……

足壇春秋
三國鼎立

1969年，香港史學者、前新界政務署署長許舒博士（Dr. James Hayes）來到銅鑼灣的大坑考察，他驚訝地發現大坑「其中一項最有趣的地方，就是它神奇的運動紀錄」。據他從老村民那裏聽來的故事，「因為一些未明的原因，大坑各家族都培育了多位戰前的足球明星」，「我聽說戰前的遠東運動會〔足球賽事〕中，有五屆皆是由中國隊奪冠，當中逾九成代表中國隊出賽的球員都是來自大坑。同樣，代表中國參與1936年柏林奧運會的十一名球員當中，有九人是大坑居民，包括隊長〔指李惠堂〕」。即使在1969年，大坑居民中仍流傳「大坑是近代中國『足球明星』（star soccer player）的搖籃」這一說法。[1] 許舒在大坑聽來的故事是真是偽，今日看來反屬次要，重要的是這故事猶如遠古化石般，保存了昔日大坑居民曾擁有的一項寶貴集體回憶。事有湊巧，在電影《阿飛正傳》中，導演王家衛透過球場售票員蘇麗珍（張曼玉飾）的故事，想去捕捉的，不就是這個時代的氣氛嗎？

原來，銅鑼灣及毗鄰地區正是上演香江球壇春秋的重要舞台，為球圈提供了重要的球場，孕育了著名的班主和耀目的球星。要追溯這幕傳奇故事，且由百年前說起。開埠後，從英國傳入香江的足球運動，漸漸在華人年輕一代中開花結果。在二十世紀，南華、星島等華人足球勁旅先後在銅鑼灣及毗鄰地區冒出頭來，其後還開展出一幕被時人稱譽為魏、蜀、吳「三國爭雄」的球國爭奪，而這些華人球隊背後的「小孟嘗」（贊助人），便一度是落戶於銅鑼灣及毗鄰地區的利希慎、林景洲及永

英式足球運動東來後，港島北岸各處操場和運動場成為孕育香港足球運動的小舞台。圖為與中環毗鄰的馬利操兵場（Murray Parade Ground，位置約在今日的長江中心）上健兒競逐的情況。

安堂的少東胡好（胡文虎之子）。在跑馬地草場孕育出無數足球員的同時，鄰近地區也成為香港足球總會、南華體育會、香港賽馬會的發祥地，吸引無數球迷和大小商販進駐銅鑼灣。

足球運動在香江

回顧這潮流，溯自英國工業革命時代，足球漸已成為英倫全國熱衷的活動，自1850年代蘇格蘭錫菲路城成立近代英國的第一代球會後，短短數年間，英國足壇出現了十多家球會，英國足球總會亦在1860年代初於倫敦成立，進一步令足球運動變得更制度化和商業化。今日所見，隨着足球運動員變成明星，銷售球會紀念品、收取球員轉會費也成為球會收入的豐厚來源，[2]此外，地方球會亦往往化身成社區的象徵，擔當起凝聚社區、營造地方歸屬感的角色，各項聯賽和足球博彩活動已成為全國盛事。

英式足球傳入香港之初，參與比賽的球員多為外籍人士，華人只屬鳳毛麟角。1886年，一羣熱衷足球活動的英國商人在香港島成立香港足球會（Hong Kong Football Club），翌年舉辦了首屆足球錦標賽。香港足球總會則在1914年成立，並效法英國足球運動的體制，舉辦一連串淘汰賽和分組聯賽，但創會初期，參與甲組球賽的仍多屬洋人隊伍。華人球隊在何時出現呢？在報壇名宿黃嗇名筆下，我們可找到一點端倪：

> 自從一輩官立學堂（香港叫做「皇家書館」）的學生看了那些洋人比賽足球，見得多了，發生興趣，也買了一隻皮球，在課餘之暇，到草場去練習。……一到星期六那天的下午，和星期日那一整天，便是他們皆大歡喜的踢球好日子。……因為學堂當局的校長，和他們的教員多是英國人，……非但不加反對，而且絕對贊同。……1904年的秋天，他們給愛好足球的學生發起舉辦一個校際賽會，參加的學校，有灣仔書院、育才書社、皇仁書院等官立學堂。……1908年，那純粹的華人隊才瓜熟蒂落似的呱呱墜

中國足球隊在1936年柏林奧運會留影，後排左起為李天生、包家平及譚江柏，前排左三為隊長李惠堂。

地。這是由各學校裏擅於足球的同學共同組織的。[3]

　　原來，除了跑馬活動外，銅鑼灣地區也是英式足球移植到香江的小舞台。1904 年，育才書社、灣仔書院、皇仁書院等官立學堂內，一羣熱衷足球運動的學生舉辦了一項校際足球比賽；數年後，官立學堂學生莫慶等更組成一支華人球隊，會址設在灣仔書院內，而練球地點正是跑馬地的愉園球場，立法局議員劉鑄伯更一度被邀出任會長。另一方面，中國政府為樹立國家新氣象，於 1911 年在南京舉辦了一次全國運動

會，藉此鼓吹國民多做運動的風氣，[4]而香港的華人球隊便以海外華僑身份，先後參與了多項賽事。運動之風雖然在香港慢慢滋長，但華人足球隊仍屬小眾組織，只有數十名會員，會費收入也較微薄。因財源不足，部分會友只好分道揚鑣，投進琳瑯幻境社（話劇社）和孔聖會（儒教團體）門下，各自組成球隊，故當時香港的甲組球隊仍以洋人隊伍為主。

進入民國時期，為了洗脫中國人「東亞病夫」之名，健身強體的風氣在全國流行一時，各地湧現不同形式的體育會、健身會、遊樂會及精武會等，香港這個華洋雜處的城市自然也不例外。據報人黃嗇名稱，富商郭晏波在 1914 年捐出近萬港元，將琳瑯和孔聖等華人足球隊合併。除了購置皮球、球衣外，郭氏還游說好友林景洲拔刀相助，把樟園遊樂場部分地段借出，暫作為球隊會址。「南華」足球隊於是成立，並在 1916 年加入香港足球總會。足球名宿李惠堂這樣解釋南華會的歷史背景：

> 遜清末葉，海禁漸開，歐美之風東來，英之足球、網球、三木球、曲棍球，美之排球、籃球、壘球、田徑、游泳諸式運動，遂藉青年會與學校之媒介，為吾僑莘莘學子所認識追隨，⋯⋯及鼎革，國人思想澄清，深恥病夫之辱，知非強民強種，不足以競存於今世。於是學生以外商賈亦蓬勃以興，爭以運動競技為風尚，⋯⋯而優秀份子更得憑其一手一足之超卓技能，出席全省、全國以及於遠東大會，風氣所趨，聞雞起舞者接踵相繼，體育會社如青年會、孔聖會、琳瑯幻境、南華體育會、中華遊樂會、精武會等紛紛以球技國術互相號召角逐，而學校中以運動著名者亦比比皆然，如皇仁、聖約瑟、聖士提反、拔萃、灣仔、育才等

隨球運掀起，不少民間球會和體育會也在香江誕生。

校，其間校際爭逐之劇烈，興趣之濃厚，方諸今日，不遑多讓。[5]

　　活躍於銅鑼灣及毗鄰區域的南華足球隊，在富商借出訓練場地作支援下，漸漸踢出成績，更被擢升成甲組隊伍，與洋人球隊抗衡。球會成立初期，沒有屬於自己的固定球場，只能以租借形式使用快活谷剛填平的各地段，但租期卻十分短暫。由於南華隊屢獲佳績，又適逢利希慎開發利園山一帶，南華隊才開始以批租形式，借用加路連山地段，並於1930年代初在港府及利氏家族支持下，把該地段發展成後來的加山（加路連山）運動場館，這個運動場亦是當時華人體育會旗下唯一的足球場。1958年，香港商業彙報曾以〈嘉山（加山）運動場館滄桑史〉為題，回顧這段歷史，反映出戰後報人如何理解加路連山與香江足球運動的淵源：

　　在足球季期內，嘉露連山南華運動場，一向成為足球迷經常
蒞臨的地方，尤其是周末和星期日，嘉山場上，萬頭攢動，熱鬧
非常，你知道嘉山運動場建成的經過嗎？

　　南華體育會嘉山運動館是在1934年3月17日正式開幕的，
請當任港督威廉·貝璐爵士蒞臨主持；那天，還有一場足球表演
賽，由南華對聯隊，李惠堂、曹桂成兩將這時剛從海外歸來，加
入表演。在十八年後——1952年的冬天，為了適應環境的需求，募
集鉅款……，創建三合土的看台，至1953年10月完成，看台上

1924年的南華足球隊。

可容納觀眾二萬餘人，規模比前更加宏偉。……

南華體育會的前身，原為南華遊樂會，……該會初期
的足球場，設在快活谷（跑馬地）H 地段，但批期很
短，港府規定由 1919 年 9 月 15 日起，至 1920 年 4 月
15 日，為期僅七月；而且，每星期僅得下半天使用，
上半天及星期二日的使用權，須保留於忠義香港哥爾
夫球會分享。不過，每年批期滿後，政府仍准予續
約，向以南華體育球場命名。……到了 1928 年 9 月 19
日，該會〔南華體育會〕才獲得運動場地委員會協
助，向政府提議，撥出嘉露連山 A 地段給該會使用，

祖籍香港大坑的球
壇名宿李惠堂。

而該會以毗連的 B 地段尚未有所屬，請求一併撥出使用，卒蒙港
督核准。而該會這次批租嘉山場地成功，當年會長利希慎實具有
很大的勳勞。

在當年，嘉山場地怪石岩巇，亂草叢生，經過一番整理工作
以後，至 1929 年 1 月，足球場才告完成，從此山上障礙物陸續清
理，到了 7 月底，又有六個絨球場完成。是年 8 月，市面盛傳政
府將收回該會嘉山場地，不再續約，事實上，當時有些社團環伺
於旁，有向當局申請領用嘉山場地的意思，後經該會名譽會長羅
旭龢、會長羅文錦出面斡旋，詳陳嘉山運動場發展的計劃，包括
一個足球場、七個絨球場、籃球場、排球場、滾球場各一個，環
繞着足球場四周更興築可容十人競走四百米的跑徑，目的在使它
成為模範的運動場所。……1929 年至 1930 年這兩年間，南華體
育會決心將嘉山場地大加擴充，除球場依照原定計劃先後完成
外，所有跳高、跳遠、撐竿高跳等沙地，以及有關田徑各項設
備，亦已陸續完成。[6]

會 總 球 脚 港 香
HONGKONG FOOTBALL ASSOCIA-
TION.   P. O. Box 233
President—R. M. Dyer.
Vice-Presidents — Hon. Dr. R. H.
Kotewell and G. M. Shaw.
Chairman—R. Hall.
Treasurer—G. T. May
Secretary—W. E. Hollands, Tel. C. 3111

會 賽 球 脚 港 香
HONGKONG FOOTBALL LEAGUE.
P. O. Box 233
President—G. T. May,
Vice-President—H. M. McTavish
Chairman—R. Hall
Secretary—W. E. Hollands
Treasurer—Ip Kau Ko.

隨足球運動興起，報章體育版也佈滿了最新的足球消息。圖為1930年代「香港腳球總會」一則報章廣告。

1930年代，南華隊人才鼎盛，更一度開枝散葉，分別以「南華南」和「南華華」名義，派出兩支隊伍參加甲組賽事，打破洋隊壟斷的優勢。 1936年南華與西警隊大戰一役，也被視為華洋兩大陣營交鋒的高潮。據時人憶述，決戰在即，南華召回當時任職廣州警界的「銅頭」譚江柏（歌手譚詠麟之父）、「大鐵鏟」李天生等「四騎士」回港，加上「球王」李惠堂助陣，經過連番激戰，終以二比一險勝西警隊，華人球隊終能吐氣揚眉，球圈內外傳頌一時。[7]

隨足球運動掀起熱潮，港島湧現了不少地區球會，球場上的連場激戰，引來報章作出詳盡精彩的報道，如1941年的《大公報》便把「大中華」與「燈籠洲」兩支球隊比賽時的爭持戰況描繪得有聲有色：

> 大中華與燈籠洲之戰，繼續交綏。燈隊下命進襲，但侯榕生把守得力，燈隊無由逞兇。邱華春中路盤施近襲，德華防線失守，遂為其先陷一城。陳沃、桂良均欲收復失地，乃領師攻下，

大隊腹地中，侯榕生在勢力壓迫之下，欲交球與守將踢，但一時急速，反將球兒勾入網中，而擺下烏龍陣。袁耀林偷渡成功，扳回一球。……燈隊不甘受辱，環門而攻，麥偉麟禁地施用鐮計，球證明察秋毫，判罰九碼球，何桂良主踢，應聲入網。此後各無所獲，三比二，大中華遂獲決賽權。[8]

1940年代，香港一度贏得「遠東足球王國」之美譽，勢之所趨，除球隊班主熱心出資推動外，報章的體育版也熱衷於刊載球圈消息，助長坊間的足球熱潮。

二次大戰前後的殿堂級球星，應首推與銅鑼灣地區淵源深厚的李惠堂（1905－1979）。李氏生於香港大坑村，父親是香港著名建築商，據稱承建過清末的鐵路和不少香港街道。李惠堂自小被送進皇仁書院就讀，十四歲時球技已十分精湛，後加入體育會成為球員，曾多次代表中華民國參加遠東運動會，又參加1936年在柏林舉行的奧運盛事，後來更受聘為上海復旦大學體育部主任。抗戰勝利後，他自上海返港，參與華人足球裁判會的創辦工作，歷任中華遊樂會、中華體育協進會與南華體育會的義務秘書，被尊稱為「球王」。他的名字響徹海內外華人球圈數十載，他的故事正是發源自香港的銅鑼灣地區。[9]

剪影五 「黃龍」故事

英式書院在香港出現後，迅即成為足球運動東來的踏腳台階，足球運動的熱潮藉着書院學生的推廣，風靡全港，掀起一時潮流。在各家英式書院中，今天位處銅鑼灣的皇仁書院可說是歷史最悠久的一家，香港歷史上不少著名足球明星（如「球王」李惠堂），或是在政商界曾獨領風騷的官員巨賈，都是皇仁的畢業生，即時人稱出身自「黃龍」的門庭下。

皇仁的前身為中央書院（The Central School），1862年創立，校舍座落於中環歌賦街，由東渡的史釗域博士（Dr. James Stewart）擔任首任校長，他把英式授課方法引進香港，令教學變得更制度化和秩序化。他上任後，便發凡起例，設定授課的固定堂數和節數，又規定每堂每節的時限和

香江足球運動史上，官立學校一度是孕育足運的溫床，歷史悠久的皇仁書院（Queen's College）是當中著名的一員，圖為戰後落戶於銅鑼灣的皇仁書院。

教學主題，這制度也被移植至香江各英式書院內。1889年，書院新校舍正式啟用，校址遷至中環鴨巴甸街及荷李活道交界位置，校名也被改為維多利亞書院（Victoria College），成為當時香港最具規模的學校之一。1894年，又改名為皇仁書院，一直沿用至今。

自創校開始，該校的主要課程內容，除算術、文法及常識科外，也十分注重體育和運動的鍛練，英式足球活動傳入後，皇仁與其他幾所官校一樣，成了孕育華人學子足球名將的溫床。進入1920年代，皇仁學子的學術及體育成績已廣被公眾認識。1941年底，隨日軍進迫，皇仁被逼停辦，而在日治時期，皇仁的校舍更被戰火摧毀。1947年，皇仁搬進堅尼地道的臨時校舍，到1950年9月，新校舍由港督葛量洪（Sir Alexander Grantham）揭幕啟用，校址便是今天鄰近維多利亞公園的位置，皇仁自此落戶銅鑼灣。

英式球類運動東來後，各官立學校也出現了多支球隊。圖為1920年代皇仁書院學生組成的球隊。

落戶銅鑼灣後，皇仁也把英式的學社（School House）制度進一步發揚光大。至二十世紀末，皇仁門下的新舊學生多被歸入八大學社（house），分別為：Dealy（狄烈）、Stewart（史釧域）、Wright（胡禮）、Kay（啟）、Crook（古祿）、Tanner（丹拿）、De Rome（狄龍）和Williamson（威廉臣）。八大學社在學科、體育和足球活動各方面相互比拼，除孕育了學生的團隊精神外，也令皇仁的校友和舊生網絡更形鞏固。此外，皇仁的校刊《黃龍報》，是現存歷史最悠久的華文校刊之一，由1899年創刊至今，歷史已逾百年。今天這份刊物已成為研究香港歷史的重要材料。10

「三國時期」？

　　踏入 1940 年代，華人足球運動的發展再下一城：華商胡文虎落戶
大坑後，其子胡好熱衷推動足球運動，在 1940 年代創辦了一
家資金後盾強大的球會——星島體育會。為張聲勢，他大舉
招賢，希望重金聘得各路英傑，一時間被稱為足壇的「小
孟嘗」。足壇競爭更趨激烈，胡好後來便着力挖角，羅致南
華麾下的多員猛將，如曾被稱為「四騎士」的李天生和馮景
祥便一度轉投「星島」。隨着不少球員流失，南華漸漸青黃
不接，老將李惠堂遂帶領一輩新人，試圖力保江山，這羣生

被稱為球壇「小
孟嘗」的胡好。

「小孟嘗」胡好與父親胡文虎在虎豹別墅內。

力軍被球圈中人稱為「少林兵」，為未來華人足球運動的發展埋下了種籽。

1930、1940年代之交，在香江球壇上，除了南華及星島這兩支「廣東幫」球隊（其球員大多祖籍廣東）活躍一時外，由於中國內地戰火蔓延，上海球員曹秋亭、張金海（1960年代著名球星張子岱、張子慧之父）等先後南下香江，一時間，造就了一隊以「外江」球員掛帥的勁旅──「東方」球隊的產生。不少球迷遂借用三國的典故，打出有趣比喻：以星島為「魏」、以南華為「蜀」、以東方為「吳」，上演連場激戰。除三強外，球迷又把實力較弱的光華隊稱為「西涼兵馬」，令香港足壇仿佛進入了魏、蜀、吳三國爭雄之局。綠茵場上球星璀璨，看台上的球迷也分成三大陣營，每逢三家交手，總引來球迷雲集球場，人山人海的場面經常出現。與此同時，球星也聲名大噪，如「鐵門」包家平、「銅頭」譚江柏、「球王」李惠堂等名字變得家喻戶曉，場內場外也各有擁躉。[11]

進入日佔時期，形勢急轉直下，不少「海派球星」匆匆逃離香港，廣東球員如李惠堂等也分別逃往澳門或華南地區，香港足壇遂陷入停滯局面。

戰後，銅鑼灣區興建了政府大球場，成為不少精彩球賽上演的小舞台，吸引不少球迷匯聚於此。

銅鑼灣與戰後足球運動

二戰後，英國政府在 1947 年派出了城市規劃專家雅伯氏（Patrick Abercrombie）赴港，為香港戰後的重建大計作出評估和規劃。雅氏畢業於利物浦大學，曾參與愛爾蘭首府都柏林的重建規劃工作，他深受 1930、1940 年代在英國流行的城市規劃思潮所影響，十分重視工業發展這一環。在雅伯氏規劃下，銅鑼灣被劃定為工業地和休憩地融合一體的區域。雖然香港政府最終未有全面接納這項建議，但卻認同應在銅鑼灣多留休憩用地。隨 1955 年掃捍埔村清拆，原址被蓋建成掃捍埔政府大球場，觀眾座位多達二萬餘，一度是全香港最具規模的球場，多項球壇盛事（如外來隊伍的表演賽、重要聯賽或錦標決賽）也在此場地舉行，[12] 這也凸顯了銅鑼灣地區在香港足球運動史上的獨特位置。

據資深報人黃嗇名憶述，胡文虎之子胡好成為星島會班主後，除了從南華會挖角、提拔新一代球員外，也扶植了星島會麾下猛將如余耀德及侯榕生等。南華被不斷挖角的情況下，會長郭贊也積極培養人材，並於暑假期間主辦青少年足球訓練班，從二百多名新秀中挑選出數十人加入球會，他們當中便包括「小白兔」區志賢和「鉸剪腳」朱榮華。據區志賢憶述，在足總所屬各球會當中，能擁有球場及場館的華人球隊，仍首推南華會的設施最為完備，這也進一步鞏固了南華作為「足球少林寺」之美譽：旗下名將先後有莫振華、姚卓然、李育德（李惠堂之子）、何祥友、黃志強等，時人更稱譽南華菁英的攻門技巧有如水銀瀉地，令人嘆為觀止。[13]

足壇的熱鬧情況在 1950 年代初卻遇上急變：1951 年，胡好在東南亞遇上空難喪生，這不單打擊了「虎標」及「星島」的命脈，同時也改

1950 年代的南華足球隊，圖中結領帶者為球壇名宿李惠堂。

變了香港足壇的發展路途。效力南華多年的「球王」李惠堂便將胡氏之
死比喻為香江足壇「滅了明燈」：

> 我們的足球界巨頭胡好兄，竟不幸墜機喪生，足球界像失
> 了保姆，滅了明燈。他十幾年來培育足球，在幕前幕後都努
> 過不少大力，姑不論他的手法是否十全十美，但他那偉大
> 的氣魄，他那一副天真熱腸，加上他的財力興趣，都不容
> 易在任何國度、任何場合找得到的。可惜，天不假年，這
> 巨星的殞落，可說是足球界空前重大無可彌補損失。[14]

球壇名宿張子岱。他
曾憶述童年時因家住
黃泥涌，毗鄰球場，
早與足球結下不解
緣。

胡氏逝世後，香港的足球事業漸漸走向更多元的局面，
球員、球會之間競爭激烈，球迷更是如痴如迷。隨着收音機
大行其道，電台也定期為足球賽事進行實地轉播，這正好為
戰後初癒的足球運動推波助瀾；加上報章定期詳載球評、球
員照片、球場內外花絮，又舉辦球星選舉，培養出足壇不同世代的耀目
球星，繼「球王」李惠堂，「香港之寶」姚卓然後，1960 年代則有張
子岱等。[15] 至於叱咤風雲的球會，先後有南華、星島、巴士、東方、傑
志、光華等，後起的球隊有東華、元朗、愉園、荃灣等；華洋混合的球
隊有警察、消防、聖約瑟；洋隊則有海軍、陸軍、空軍和香港會，其中
以陸軍的實力較穩健，海軍的實力則視乎當季集結於港口的軍艦多寡而
決定。多路隊伍各有實力，亦各有擁躉，其中東方一度被球迷認定為親
台隊伍，東昇及愉園則一度被認定是親中隊伍，至於元朗及荃灣皆代表
了不同的地方勢力，而消防、警察、陸軍、中巴及九巴等，則代表了不
同的職業界別，此時的足壇可說是百家爭鳴，繁花盛放。[16]

在勁旅雲集下，足壇先後掀起了「南巴大戰」、「東南大戰」、「星

南大戰」和「南傑大戰」等幾股香港足球運動史上著名的撲票熱潮，比賽場地觀眾連場爆滿，球迷風餐露宿也在所不計，球票售罄屢見不鮮，「炒黃牛」的情況也漸漸流行起來，不少進不到球場的觀眾，便在附近山頭隔岸觀戰，當「山寨王」：[17]

> 現有的球場，在容納觀眾這一點上說，顯然覺得狹小了。每逢有「大場波」上演，球場裏看台上擠滿着看球人，球場外還有不少，卻還在那裏徘徊，希望可以獲得入門的機會。那些爬山頭屋頂，實行「高瞻遠眺」的「迷」兒們，當然不擔心到購買門券的問題，但許多迷哥迷姐們，乘興而來，滿以為可以作座上客的，卻要敗興而返，真冤枉煞也！……購門券是比輪購「配給米」或「公價洋服」還要辛苦艱難，輪購公價東西或許一樣要有耐性，要能夠抵受擠迫，到底不會落空，輪購「足球門券」情形卻有點不同，有時候輪了半天，輪到售票窗口，卻遇到門券沽清，不得其門而入，真是冤哉枉也。[18]

歷史學者何冠環這樣憶述他的球迷歲月：

> 銅鑼灣興旺的原因只有老球迷才知，因為50、60年代香港足球運動很興旺，令食肆林立，凡是大型的比賽如南華對精工或南華對巴士，都人頭湧湧，……帶來了很多食肆、戲院，……大球場散場，由加路連山道往禮頓道、保良局，保良局再往前走是利舞臺……，後些還有快餐店及食肆，……全都擠滿人羣，有些球迷買雜髀入場，在球場內又有人賣燒賣、糯米卷、叉燒包和汽水，有時入場前和散場的雜髀價錢相差一半，因為（散場後）賣不出。有些報販在球場外賣報紙，那時有晚報如《新晚報》、《星島晚報》、《工商晚報》，主要是賣給球迷。有些人專在足球圈

工作，如寫稿預測球賽，透露賽前的陣容，如夜場是八時，日場是下午三時，只有兩頁紙，很便宜的，人人都買……故球運熾盛帶動了多種行業的發展。[19]

由此看來，足球運動的興旺，也為銅鑼灣帶來了一片繁華景象，至今仍為人津津樂道。

表 5　　1945 至 1970 年度香港甲組聯賽及銀牌賽成績總覽

年　份	聯賽冠軍	聯賽亞軍	銀牌冠軍	銀牌亞軍
1945-1946	空軍	金冕多	海軍	金冕多
1946-1947	星島	南華	星島	南華
1947-1948	傑志	星島	星島	東方
1948-1949	南華	九巴	南華	傑志
1949-1950	傑志	九巴	傑志	聖若瑟
1950-1951	南華	九巴	九巴	南華
1951-1952	南華	陸軍	星島	傑志
1952-1953	南華	傑志	東方	南華
1953-1954	九巴	南華	傑志	九巴
1954-1955	南華	傑志	南華	陸軍
1955-1956	東方	南華	東方	傑志
1956-1957	南華	傑志	南華	九巴
1957-1958	南華	九巴	南華	九巴
1958-1959	南華	九巴	南華	東華
1959-1960	南華	愉園	傑志	東華
1960-1961	南華	愉園及東華	南華	東華
1961-1962	南華	愉園	南華	警察
1962-1963	元朗	東華	光華	南華
1963-1964	傑志	愉園	傑志	九巴
1964-1965	愉園	南華	南華	元朗
1965-1966	南華	愉園	流浪	警察
1966-1967	九巴	南華	星島	愉園

1967-1968	南華	星島	元朗	東昇
1968-1969	南華	星島	怡和	警察
1969-1970	怡和	星島	星島	消防

資料來源：香港足球總會：《香港足球總會七十五周年鑽禧紀念周年紀念特刊(1914-1989)》（香港：香港足球總會，1990），頁66-7。

小結：足壇春秋的舞台

前新界政務署署長許舒博士在 1969 年大坑所記錄的逸事，原來正是香江足球運動史上一段被大眾久違了的章節，而銅鑼灣及毗鄰地區更一度是上演這段足壇春秋的小舞台，為這段足壇傳奇提供了史上留名的球場、班主和球員。或許導演王家衛 1991 年在《阿飛正傳》中，圍繞着球賽售票員蘇麗珍發展出來的故事，便剛巧捕捉到這段已逝歲月的點點痕跡。

註 釋

1   James Hayes, "Coach Tour of Eastern Hong Kong Island 18th Oct 1969", *Journal of Hong Kong Branch of Royal Asiatic Society*, vol. 10 (1970), p. 190-193. 原文如下："One of the most interesting aspects of Tai Hang is its fantastic sports record. For unknown reasons, the old Tai Hang families produced a great many star soccer players before the war. I have been told that on five occasions at the pre-war Far East games the China Football Team were the winners, and 90% of the team came from Tai Hang: again, that nine out of the eleven players representing China at the Berlin Olympic Games in 1936 were Tai Hang man, including the team captain." 另見James Hayes, "Visit to the Tung Lin Kok Yuen, Tam Kung Temple, Happy Valley, and Tin Hau Temple, Causeway Bay, Saturday, 7th November, 1970", *Journal of Hong Kong Branch of Royal Asiatic Society*, vol.11 (1971), p.195-197。

2   請參考Murray, William J., *The World's Game: A History of Soccer* (Urbana: University of Illinois Press, 1996)。

3   黃嗇名：《球國春秋》（香港：大公書局，1951），頁 5-6。

4   冼玉儀：〈社會組織與社會轉變〉，載王賡武編：《香港史新編》（香港：三聯書店，1996），頁 191。

5   李惠堂：〈香港華僑體育發展史〉，載黎晉偉編：《香港百年史》（香港：南中編譯出版社，1948），頁 126。

6   〈嘉山運動場館滄桑史〉，《香港建造業百年史》（香港：香港商業彙報編，1958），頁 91。

7   黃嗇名：《球國春秋》，頁 110-150。

8   〈白蘿仙杯賽　黑灰慘敗　燈籠洲亦敗北〉，《大公報》，1941 年 2 月 10 日。

9   鄧瑛編：《李惠堂先生紀念集》（香港：五華旅港同鄉會，1982）。

10   Bickley, Gillian, *The Golden Needle: the Biography of Frederick Stewart (1836-1889)*, (Hong Kong: David C. Lam Institute for East-West Studies, Hong Kong Baptist University, 1997).

11   同註3，頁161-229；另見區志賢：《五十年代香港足球》（香港：勤+緣出版社，1993），頁 9-29。

12　同上。

13　李惠堂：〈香港華僑體育發展史〉，載《香港百年史》，頁126；李安求、葉世雄編：《歲月如流話香江》（香港：天地圖書，1989），頁80-90。

14　李惠堂：〈序言〉，載黃嗇名：《球國春秋》，頁1。

15　張子岱父親是上海足球名將張金海，1940年代中期遷港，成為東方主將。張子岱四兄弟也深受父親感染。張氏十七歲時已入選香港的甲組球隊，後來更遠赴英國效力甲組球會黑池隊，成為第一代參與英國職業賽事的香港華人。

16　程挈：〈香港球賽與球迷〉，載《香港百年史》，頁128。

17　足球名宿區志賢回憶，當時賽事多不勝數，除聯賽外，還有銀牌賽、木盾七人賽、督憲杯賽、國際杯、勝利杯、胡好杯、港澳埠際賽、默迪卡杯等。參見區志賢：《五十年代香港足球》，頁9、179-80。

18　程挈：〈香港球賽與球迷〉，載《香港百年史》，頁128。

19　何冠環博士訪問稿，2002年5月19日。

鳴 謝

這本書是我學習旅途上的一個小結，旅途上得到很多前輩和機構的幫忙，我將銘感於心。尤其感謝三聯書店李安女士十年前的約稿，間接促成這個商城故事的誕生，也讓我有機會重訪故人。另外，我亦感謝丁新豹博士和高添強先生在百忙中抽空把全稿讀完，並給了很多指導意見。我希望再走下去，有緣學得更多。

本人由衷感謝下述人士及機構的幫忙，令本書能順利出版。

王禾璧女士

丁新豹博士

三聯書店李安女士

九龍倉集團梁錦祥先生

太平館徐錫安先生

高添強先生

鄭寶鴻先生

皇后飯店于德義先生、夫人

何冠環博士

利德蕙女士

冼玉儀博士

劉榮廣先生

伍振民先生

譚孔文先生

科大衛教授

〈香港電影雙週刊〉陳柏生先生

余仁生集團余義明先生、黃雪英女士

鍾華楠先生

曾永光先生

Mrs. Eric Cumine

Dr. James Hayes

中華書局翟德芳先生

鍾文略先生

胡仙女士

先施有限公司

皇仁書院

香港大學亞洲研究中心

香港足球總會

香港歷史博物館

南華體育會

香港賽馬會

王歐陽（香港）有限公司

香港上海匯豐銀行有限公司

半島酒店

廣生行

香港電車有限公司

Mitsukoshi Ltd.

Time Inc. Home Entertainment

大坑天后古廟

〈藝訊〉

〈Hong Kong and Far East Builder〉

（排名不分先後）